오픈플로우를 활용한 SDN 입문

오픈플로우를 활용한 SDN 입문

네트워크 애플리케이션 개발 플랫폼 실습 가이드

시아마크 아조돌몰키 지음 | 김남곤 · 이정효 옮김

BIRMINGHAM - MUMBAI - SEOUL

지은이 소개

시아마크 아조돌몰키 Siamak Azodolmolky

1994년에 테헤란Tehran 대학에서 컴퓨터 공학 학위를 받고, 첫 석사 학위를 아자드Azad 대학에서 받았다. Data Processing Iran Co.(이란의 IBM)에서 소프트웨어 개발자와 시스템 엔지니어, 선임 연구원으로 1992년부터 2001년까지 일했다. 2006년에 카네기 멜론Carnegie Mellon 대학에서 두 번째 석사학위를 받았으며, 박사과정 중인 2007년에는 AITAthens Information Technology에 연구원과 소프트웨어 개발자로 참여했다. 2010년 8월에 에식스Essex 대학 CSEE(컴퓨터 과학 및 전자 공학부)의 고성능 네트워크 연구 그룹에 선임 연구원으로 참여했고, 2011년에 UPCUniversitat Polit cnica de Catalunya에서 박사학위를 받았으며, 다양한 국책과제와 EU 프로젝트에 참여해왔다. 소프트웨어 정의 네트워킹SDN은 2010년 이후로 그의 주요 연구 주제 중 하나였고, 전송optical 네트워크 분야에 대한 SDN 적용과 관련된 오픈플로우 확장에 대해 연구해왔으며, 국제 학술대회, 저널과 책에 걸쳐 50편 이상의 논문을 게재했다. 현재 2012년 9월부터 GWDGGesellschaft für Wissenschaftliche Datenverarbeitung mbH Göttingen에서 선임 연구원으로 일하면서 SDN 관련 활동을 이끌고 있다. ACM의 프로페셔널 멤버이고, IEEE의 시니어 멤버다.

감사의 글

책을 쓸 때마다 느끼지만, 완벽한 사람이 없다는 것을 또 다시 깨닫게 되었다. 유용하고 건설적인 피드백을 제공한 기술 감수자에게 감사를 전한다. 오류가 남아있다면 이는 당연히 내 잘못이다. 또한 이 책이 나오기까지 많은 지원을 해준 팩트 출판 팀에 감사를 전한다. SDN 커뮤니티에 속한 많은 동료의 지식과 지원과 경험은 내가 이해하는 SDN의 차이를 채우는 데 커다란 도움이 되었다. 그들이 없었다면 이 책을 쓰는 것은 불가능했을 것이다. 마지막으로 내 아들 파사 아줄돌몰키에게 진심을 담아 가장 특별한 감사를 전한다. 이 책을 쓰는 동안 내 곁에서 떨어져 있어야 하는 것을 잘 참아 줘서 매우 고맙다. 사랑한다. 파사.

기술 감수자 소개

크리스티안 에스테베 로텐베르그 Christian Esteve Rothenberg

2010년에 전기 컴퓨터 공학 박사 학위를 받은 UNICAMPUniversity of Campinas에서 2013년 8월까지 조교수로 일했다. 2010년부터 2013년까지 브라질 캄피나스에 있는 CPqD 통신 R&D 센터에서 IP 시스템과 네트워킹 분야 선임 연구원으로도 일했다. 그는 라우트플로우RouteFlow와 첫 번째 오픈 소스 오픈플로우 1.2와 1.3 소프트웨어 툴킷을 개발한 오픈플로우OpenFlow/SDN 활동의 기술적인 리더였다.

스페인 ETSIT-UPMTechnical University of Madrid에서 통신 공학 학위를 받았고, 2006년에 독일 TUDDarmstadt University of Technology에서 전기 공학 석사 학위를 받았다. 두 개의 국제 특허를 갖고 있으며, 과학 저널과 최상위 네트워킹 학술대회인 SIGCOMM과 INFOCOM에 논문을 게재했다. 2013년 4월부터는 ONFOpen Networking Foundation에서 전임 연구원Research Associate으로 일하고 있다.

신승원Seungwon Shin

최근에 텍사스 A&M 대학에서 컴퓨터 공학을 졸업했다. 연구 주제는 소프트웨어 정의 네트워킹 보안이다. 대학에 있는 동안 15편 이상의 논문을 썼고, 오픈 소스 SDN 보안 툴인 프레스코FRESCO와 FortNOX(그리고 SE-FloodLight)를 개발했다.

현재 고성능의 신뢰성 있는 오픈플로우 컨트롤러를 개발하는 벤처기업이자 한국 기업인 아토리서치Atto-Research에서 일하고 있다.

옮긴이 소개

김남곤 (dragony@naver.com)

대한민국에서 가장 큰 네트워크를 운용하는 곳이 통신회사라 네트워크를 제대로 알기 위해 KT에 입사해, 현재는 KT 융합기술원에서 SDN과 NFV등의 미래 네트워크 기술을 연구하고 있다.

이정효 (listko@naver.com)

현재 KT 융합기술원에서 미래 네트워크를 주제로, 다양한 네트워크 서비스에 맞는 SDN과 NFV의 응용과 확장에 대해 주로 고민하고 있다.

옮긴이의 말

대부분의 보통 사람들은 네트워크에 대해서 잘 알지 못합니다. 네트워크를 관리하는 사람들 입장에서도 네트워크는 여전히 어렵습니다. 네트워크를 구성하는 장비에는 스위칭 장비와 라우팅 장비가 있고, 각 장비는 서로 다른 프로토콜로 동작합니다. 같은 스위칭 장비라 하더라도 제조사마다 서로 다른 명령어를 제공하고, 같은 제조사 장비라 하더라도 모델에 따라 지원하는 기능이 다릅니다. 이로 인해 네트워크를 통합 관리하는 솔루션을 개발하는 일은 비용이 많이 들지만 장비 하나하나를 직접 제어하는 것만큼 세밀한 제어까지는 어렵습니다. 또한 장비에 새로운 프로토콜을 탑재하기도 어려워서 기존 장비를 업그레이드하기보다는 새로운 장비를 구매하는 것이 일반적이있습니다.

네트워크 통합 관리의 어려움을 아는 사람들은 더욱 단순하고 간편한 네트워크를 원했습니다. 네트워크 장비 벤더가 어디인지, 어떤 모델인지 몰라도 네트워크를 쉽게 통합 제어할 수 있기를 원했고, 새로운 프로토콜을 빠르게 탑재하고, 심지어는 개발해서 이용하고 싶어 했습니다. 소프트웨어 정의 네트워킹, 즉 SDN은 이러한 요구사항을 만족시켜 줄 수 있는 기술로 2~3년 전부터 큰 관심을 받고 있습니다. 모든 네트워크 장비의 제어 평면과 데이터 평면을 분리하고, 제어 평면을 오픈플로우Openflow라고 하는 표준화된 프로토콜을 이용하여 통합함으로써 통합제어와 새로운 프로토콜의 적용을 쉽게 할 것이라는 기대를 한 몸에 받았습니다.

하지만 새로운 기술이 기존의 기술을 대체하는 것은 쉬운 일이 아닙니다. 새롭다는 것만으로는 기존 기술에 익숙한 사람들을 움직이게 할 수 없습니다.

먼저 새로운 기술이 기존 기술과 마찬가지로 안정적이고 확장성이 있음을 증명해야 합니다. 다음으로 새로운 기술도 기존 기술만큼 두터운 사용자 층이 형성되어 있어야 합니다. 마지막으로 영향력있는 누군가가 새로운 기술을 적용하고, 그 성공스토리가 대중에게 알려져야 합니다. SDN은 아직 그 쓰임과 활용에 대한 강한 믿음이 구축되지 않았습니다. 다년간의 노력으로 SDN에 대한 증명과 사용자 층이 형성되었지만, 아직 마지막 요구사항을 만족시키지 못한 상태입니다. 사람들은 지금도 누군가가 나타나서 SDN을 이용한 놀라운 뭔가를 보여주기를 기대하고 있습니다.

SDN이 미래 네트워크라는 점은 아무도 의심하지 않지만, 어떤 영역에서는 매우 천천히, 어떤 영역에서는 매우 빠르게 기존 네트워크를 대체하고 있기 때문에 어설프게 조바심을 가져서는 안 됩니다. 관심을 가지고 계속 지켜보십시오. 그러면 어느새 SDN이 만든 미래 네트워크 안에 우리가 있을 것입니다. 한때 영화에서만 보던 기술이었던 화상통화가 지금은 일반적인 통화기능이 된 것처럼 말이죠.

마지막으로, 이 책은 SDN 입문자를 위한 책입니다. 다소 어려운 내용이 있더라도 SDN이 무엇이고, 어떻게 동작하고, 어떤 툴Tool을 이용해 테스트할 수 있는지만 알아도 향후 공부에 도움이 될 것입니다. 번역서이기 때문에 부득이 용어의 난해함을 완벽히 제거하지 못한 점에 대해서는 독자 여러분의 깊은 이해를 구합니다.

자! 이제 새로운 걸 배우러 갈 시간입니다. Let's SDN!

차 례

들어가며

네트워킹 장치로부터 네트워크 제어를 분리하는 것은 소프트웨어 정의 네트워킹SDN, Software Defined Networking의 공통분모다. SDN은 네트워크 제어 기능(제어 평면)을 데이터 전달 기능(데이터 평면)과 분리하고, 더불어 분리된 제어에 대해 프로그래밍이 가능하도록 한 컴퓨터 네트워킹에서의 최신 패러다임이다. 기존에 네트워킹 장치(예, 이더넷 스위치)와 강하게 결합되어 있던 제어 로직을 논리적으로 집중된 컨트롤러로 이전함으로써, 애플리케이션 관점에서 하부 네트워킹 인프라를 추상화할 수 있게 했다. 이러한 분리를 통해 더욱 융통성 있고, 프로그래밍 가능하고, 벤더 독립적이며, 비용 효율적이고, 혁신적인 네트워크 구조를 만들기 위한 기반을 마련했다. 네트워크 추상화 외에도 SDN 아키텍처는 공통 네트워크 서비스(라우팅, 멀티캐스트, 보안, 액세스 제어, 대역폭 관리, 트래픽 엔지니어링, 서비스 품질, 에너지 효율과 다양한 형태의 정책 제어)의 구현을 단순하게 만드는 API 집합을 제공한다. 그 결과 기업, 네트워크 운용자, 통신 사업자는 이전에는 불가능했던 네트워크 프로그래밍 가능성과 자동화된 네트워크 제어를 통해 변화하는 사업 요구에 즉시 대응할 수 있는 높은 확장성을 지닌 유연한 네트워크를 구성할 수 있게 됐다. 오픈플로우OpenFlow는 SDN을 위해 설계된 첫 번째 표준 인터페이스로 다수의 네트워킹 장치들 사이에 고성능의 세밀한 트래픽 제어를 제공한다.

이 책에서는 SDN 개념의 초기 구현 중 하나인 오픈플로우의 핵심을 살펴본다. 이 책은 오픈플로우 스위치와 컨트롤러부터 시작해서, 오픈플로우 기반 네트워크 애플리케이션 개발, 네트워크 가상화, 클라우드 컴퓨팅 환경에서의 오픈플로우, 그리고 현재 진행 중인 오픈플로우 관련 오픈 소스 프로젝트에 대해서 다룬다. 더 많은 내용을 원하는 독자를 위해, 이 책에서는 직접 오픈플로우로 SDN을 구현하는 방법을 보여준다.

이 책의 구성

1장, '오픈플로우 소개' 오픈플로우와 SDN 생태계에서 오픈플로우의 역할과 컴퓨터 네트워크에서 오픈플로우가 어떻게 동작하는지 소개한다. 1장에서는 실험 환경을 실제로 구성하기에 앞서 필요한 지식을 살펴본다. 플로우의 개념, 플로우 포워딩, 오픈플로우 기능, 오픈플로우 테이블이 할 수 있는 일, 오픈플로우의 기능과 한계를 다룬다.

2장, '오픈플로우 스위치 구현' 현재 제공되고 있는 오픈플로우 스위치 구현을 하드웨어와 소프트웨어 구현을 포함하여 다룬다.

3장, '오픈플로우 컨트롤러' 오픈플로우 스위치의 제어 주체로서 오픈플로우 컨트롤러 역할과 오픈플로우 기반 네트워크 애플리케이션 개발을 위해 제공되는 API(즉, 노스바운드 인터페이스)에 대해서 다룬다.

4장, '환경 구성' 오픈플로우 스위치와 컨트롤러의 옵션을 소개한다. 또한 네트워크 애플리케이션 개발 환경에 대해 다룬다. 4장에서는 5장에서 네트워크 애플리케이션 개발을 위해 이용되는 가상 장치와 도구(예, Mininet과 와이어샤크 Wireshark)의 설치에 대해 집중한다.

5장, '네트워크 애플리케이션 개발' 오픈플로우가 어떻게 네트워크 애플리케이션 개발의 기반을 제공하는지 보여주기 위해 예제 네트워크 애플리케이션(예, 학습 스위치와 방화벽)의 개발을 다룬다.

6장, '네트워크 슬라이싱' 오픈플로우와 플로우바이저FlowVisor를 이용한 네트워크 슬라이싱을 다룬다. 미리 계획된 구성을 위해 독자가 플로우바이저를 이용해 네트워크 슬라이스를 설정하고 이용하는 방법을 이해할 수 있다.

7장, '클라우드 컴퓨팅에서의 오픈플로우' 클라우드 컴퓨팅에서의 오픈플로우의 역할에 집중하며, 특히 오픈스택 뉴트론OpenStack Neutron의 설치와 설정을 다룬다. 뉴트론은 오픈스택 프로젝트로 오픈스택 서비스에 의해 관리되는 인터페이스 장치들(예, 가상 네트워크 인터페이스 카드) 사이의 네트워크 연결성을 서비스NaaS로 제공한다.

8장, '오픈 소스 프로젝트' 네트워크 엔지니어나 관리자가 상용 환경에서 활용할 수 있는 중요한 오픈 소스 프로젝트를 설명하고, 이에 대한 접근 경로를 제공한다. 이 프로젝트에서는 오픈플로우 소프트 스위치에서부터 컨트롤러와 가상화 도구, 오케스트레이션 도구, 시뮬레이션 테스팅 도구까지 매우 다양한 내용을 다룬다.

준비 사항

이 책은 독자가 일정 수준의 네트워크 경험과 TCP/IP, 이더넷 같은 광범위한 네트워킹 개념에 대한 지식이 있고, 일상적인 네트워크 운용에 익숙하다고 가정한다. 이 책을 읽는 독자는 고수준의 프로그래밍 언어나 스크립팅 언어(예, C/C++, 자바나 파이썬)로 프로그래밍해본 경험이 있어야 한다. 가상 장치나 가상 네트워킹 환경에 대한 경험도 유용할 것이다. 또한 메인 메모리가 최소 1GB(2GB 이상을 권장) 이상이고, 가용 디스크 공간은 최소 10GB 이상 되는 컴퓨터가 필요하다. 프로세서의 속도가 빠를수록 가상 장치의 부팅 시간이 빠르고, 모니터가 크면 터미널 윈도우를 여러 개 사용할 때 도움이 된다. 또한 다양한 유틸리티와 VM 이미지를 다운로드하려면 인터넷 연결이 필요하다.

이 책의 대상 독자

이 책이 오픈플로우의 주요 구성 요소와 오픈플로우를 이용한 소프트웨어 정의 네트워킹을 다루긴 하지만, 프로토콜 레퍼런스 문서가 아니라 튜토리얼 가이드이다. 네트워크 엔지니어, 네트워크 관리자, 시스템 소프트웨어 개발자, 네트워크 애플리케이션 개발자 등 오픈플로우에 대해 관심이 있는 누구나 이 책의 독자가 될 수 있다.

편집 규약

이 책에서는 독자의 이해를 돕고자 다루는 정보에 따라 글꼴 스타일을 다르게 적용했다. 다음 예제와 같다.

문장 중에 사용되는 코드, 데이터베이스 테이블 이름, 사용자 입력과 트위터 핸들은 다음과 같이 표기한다.

"스위치가 벤더 확장을 이해하지 못하면, OFPET_BAD_REQUEST 에러 타입과 OFPBRC_BAD_VENDOR 에러 코드의 OFPT_ERROR 메시지를 보내야 한다."

코드 블록은 다음과 같이 표기한다.

```
class pyNetApp(Component):
def __init__(self, ctxt):

def learn_and_forward(self, dpid, inport, packet, buf, bufid):

self.send_openflow(dpid, bufid, buf, openflow.OFPP_FLOOD,inport)

if not packet.parsed:
log.debug('Ignoring incomplete packet.')
```

```
else:
self.learn_and_forward(dpid, inport, packet, packet.arr, bufid)
return CONTINUE
```

코드 블록 중 특정 부분에 대해서 집중이 필요하다면 해당 부분을 굵은 글씨로 표기한다.

```
attribs = {}
attribs[core.IN_PORT] = inport
attribs[core.DL_DST] = packet.dst
```

명령어 라인의 입력이나 출력은 다음과 같이 표기한다.

 # apt-get install maven git openjdk-7-jre openjdk-7-jdk

화면에 출력된 대화상자나 메뉴 문구를 문장 중에 사용하는 경우에는 다음과 같이 고딕체로 표기한다.

"File 메뉴에서 Import Appliance를 선택한다."

 경고 또는 중요한 내용은 이 박스로 표기한다.

 참고사항이나 요령은 이 박스로 표기한다.

독자 의견

이 책에 대한 독자의 의견은 언제나 환영이다. 좋은 점 또는 고쳐야 할 점에 대한 솔직한 의견은 앞으로 더 좋은 책을 발행하는 데 큰 도움이 된다.

독자 의견은 보낼 때는 이메일 제목란에 구입한 책 제목을 적은 후, feedback @packtpub.com으로 전송한다.

만약 독자가 특정 분야의 전문가로서 저자가 되고 싶다면 http://www.packtpub.com/authors를 참조한다.

고객 지원

이 책을 구입한 독자라면 다음과 같은 지원을 받을 수 있다.

이 책에 사용된 예제 코드 다운로드

http://www.packtpub.com에서 직접 책을 구입한 독자라면 팩트 출판사에서 출간한 모든 책의 예제 코드를 다운로드할 수 있다. 그 외 경로로 책을 구입한 경우에는 http://www.packtpub.com/support에 접속하여 등록하면 파일을 이메일로 전송받을 수 있다. 에이콘출판사의 도서정보 페이지 http://www.acornpub.co.kr/book/sdn에서도 예제 코드를 다운로드할 수 있다.

오탈자 처리

내용을 정확하게 전달하기 위해 최선을 다하지만, 실수가 있을 수 있다. 책에서 텍스트나 코드상의 문제를 발견해서 알려준다면 매우 감사할 것이다. 독자의 참여를 통해 다른 독자에게 도움을 주고, 다음 버전에서 더 완성도 있는 책을 만들 수 있다.

오탈자를 발견하면 http://www.packtpub.com/support에서 errata submission form에 오탈자를 신고해주기 바란다. 내용이 확인되면 웹사이트에 그 내용이 올라가거나, 해당 책의 정오표 섹션에 그 내용이 추가될 것이다. http://www.packtpub.com/support에서 해당 책 제목을 선택하면 지금까지의 정오표를 확인할 수 있다. 한국어판은 에이콘출판사 웹사이트 http://www.acornpub.co.kr/book/sdn에서 찾아볼 수 있다.

저작권 침해

인터넷을 통한 저작권 침해 행위는 모든 매체가 골머리를 앓고 있는 심각한 문제다. 팩트 출판사 또한 저작권과 라이선스 문제를 매우 심각하게 생각한다. 인터넷에서 어떤 형태로든 팩트 책의 불법 복제물을 발견한다면, 적절한 조치를 취할 수 있게 주소나 사이트명을 즉시 알려주길 부탁 드린다.

의심되는 불법 복제물의 링크를 copyright@packtpub.com으로 보내주기 바란다.

더 좋은 책을 만들기 위한 팩트 출판사와 저자들의 노력을 배려해주셔서 감사한다.

질문

이 책에 대한 질문이 있다면 question@packtpub.com을 통해 문의하기 바란다. 최선을 다해 질문에 답할 것이다. 한국어판에 대한 질문은 이 책의 옮긴이나 에이콘출판사 편집팀 editor@acornpub.co.kr에게 해주기 바란다.

1

오픈플로우 소개

오픈플로우OpenFlow와 그 구성 요소들의 역할을 이해하고 이를 활용해 오픈플로우 기반 네트워크 애플리케이션을 개발하기 위해서는, 먼저 오픈플로우가 무엇이고 어떻게 동작하는지 간략히 알아두는 것이 좋다. 1장에서는 SDN/오픈플로우 기반의 실험과 개발 환경의 실제적인 구성에 앞서 필요한 사전지식을 제공한다. 오픈플로우는 SDN 개념의 초기 구현 중 하나다. 따라서 오픈플로우에 대해 자세히 알아보기 전에 SDN이란 무엇이고, 관련되어 어떠한 활동들이 있었는지 간략하게 소개한다.

SDN 이해하기 – 오픈플로우 관점

소프트웨어 정의 네트워킹SDN, Software Defined Networking은 컴퓨터 네트워킹에 대한 혁신적인 아이디어로 네트워크 제어와 관리를 단순하게 하고, 네트워크 프로그래밍을 통한 혁신을 가능하게 할 것으로 기대된다. 컴퓨터 네트워크는 일반적으로 많은 수의 네트워크 장치(스위치, 라우터, 방화벽 등)와 각 장치에 내재된 다수의 복잡한 프로토콜(소프트웨어)로 구성된다. 네트워크 엔지니어들은 컴퓨터 네트워크에서 발생하는 다양한 형태의 네트워크 이벤트와 트래픽 시나리오에 대응하는 정책을 설정하는 역할을 한다. 이를 위해서는 고수준의 정책들을 네트워크 장치에 적용가능한 저수준의 설정 명령으로 변환하는 작업이 필요한데, 이러한 복잡한 작업을 지원하는 툴이 매우 제한적이기 때문에 일반적으로 수동으로 처리한다. 따라서 네트워크 관리와 성능 튜닝은 매우 어렵고 문제가 발생하기 쉬운 작업이다.

다른 어려움은 네트워크 엔지니어와 연구자들이 인터넷 경화ossification라고 부르는 문제다. 이미 광범위하게 퍼져있는 인터넷은 우리 삶의 다양한 측면에 영향을 미치고 있기 때문에, 새로운 프로토콜의 도입이나 성능 향상을 위해 인터넷의 물리적 구조를 변화시키는 것은 이제 매우 어려운 일이 되어버렸다. 또한, 새로 등장하는 애플리케이션들의 요구사항이 갈수록 매우 복잡해지고 있기 때문에, 현재의 인터넷 구조를 점진적으로 변화시키는 방법으로는 이러한 요구사항을 만족시키는 데 한계가 있다.

프로그래밍이 가능한 네트워크programmable network의 개념은 네트워크의 진화를 용이하게 하기 위해 제안되었다. 특히 SDN은 새로운 네트워킹 패러다임으로 패킷 전달 하드웨어(예, 특화된 패킷 전달 엔진)로부터 제어와 관련된 결정(예, 프로토콜과 제어 소프트웨어)을 분리시킴으로써 네트워크 진화를 가능하게 한다. 기존에는 네트워킹 장치(예, 이더넷 스위치)에 강하게 결합돼 있던 제어 로직을 분리시킴으로써, 애플리케이션의 관점에서 하부 네트워킹 인프라를 추상화시켜 바라

보는 것이 가능해졌다. 이러한 패킷 전달 하드웨와 제어 로직의 분리는 더 융통성 있고, 프로그램 가능하며, 벤더에 종속되지 않으면서, 비용이 효율적이고, 혁신적인 네트워크 구조를 가능하게 한다. 네트워크에 대한 추상화 이외에도, SDN은 일련의 API_{Application Programming Interface}를 제공하여 공통된 네트워크 서비스(예, 라우팅, 멀티캐스트, 보안, 접근 제어, 대역폭 관리, 트래픽 엔지니어링, QoS, 에너지 효율, 그리고 다양한 형태의 정책 관리)를 간단하게 구현할 수 있게 한다. SDN에서 네트워크 지능은 제어 평면을 담당하는 소프트웨어 기반의 컨트롤러에 의해 논리적으로 집중되어 있고, 네트워크 장치들은 오픈 인터페이스를 통해 프로그램 가능한 단순한 패킷 전달 장치가 된다. 이때, 네트워크 장치가 제공하는 오픈 인터페이스_{open interface}의 초기 구현 중 하나가 바로 오픈플로우_{OpenFlow}다.

패킷 전달 하드웨어와 제어 로직을 분리함으로써 새로운 프로토콜과 애플리케이션을 쉽게 적용할 수 있고, 또한 직관적인 네트워크 가시화와 관리, 그리고 다양한 네트워크 내의 미들박스들을 소프트웨어 제어로 통합하는 것이 가능하다. 복잡하게 엉켜있는 다수의 장치에 정책을 설정하고 프로토콜을 실행시키는 대신에, 네트워크는 이제 단순한 패킷 전달 하드웨어와 그에 대한 제어 결정을 담당하는 네트워크 컨트롤러로 간단해진다. 패킷 전달 하드웨어는 다음과 같이 구성된다.

1. 네트워크상의 패킷 플로우들에 대해 적용할 매칭 룰과 액션을 담은 플로우 목록으로 구성된 플로우 테이블

2. 현재 플로우 테이블에 존재하지 않는 새로운 플로우에 대한 제어를 위해 컨트롤러와 안전하게 통신하기 위한 전송 계층 프로토콜

SDN/OpenFlow와 관련된 활동들

현재는 오픈플로우가 산업계로부터 많은 관심을 받고 있지만, 사실 프로그램 가능한 네트워크에 대한 개념과 데이터 평면과 제어 평면의 분리는 오래 전부터 논의되어온 주제다. OPENSIGOpen Signaling Working Group은 1995년에 ATM, 인터넷, 모바일 네트워크를 더 개방적이고, 확장 가능하며, 프로그램 가능하도록 하기 위한 일련의 워크샵을 만들었다. 이러한 아이디어로부터 자극을 받아 IETFInternet Engineering Task Force에서도 라벨 스위치label switch를 제어하는 GSMPGeneral Switch Management Protocol라는 워킹 그룹을 만들었다. 이 그룹은 GSMPv3를 2002년 6월에 발표됐고, 현재는 공식적으로 종결된 상태다.

Active Network 이니셔티브는 맞춤형 서비스를 위해 프로그램이 가능한 네트워크 인프라를 제안했다. 하지만 Active Network가 제안한 구조는 보안과 성능에 대한 우려로 인해 큰 관심을 끌지 못했다. 2004년에 시작된 4D 프로젝트(www.cs.cmu.edu/~4D/)는 기존의 네트워크 구조를 뒤엎고 완전히 새롭게 시작하려는 백지 설계clean slate design로 라우팅 결정 로직과 네트워크 구성요소들간의 상호작용을 관리하는 프로토콜 사이의 분리를 강조했다. 4D 프로젝트는 오픈플로우 기반 네트워크에서의 운영체제를 제안한 NOX(www.noxrepo.org)에 직접적인 영향을 주었다. 그 이후 2006년, IETF의 네트워크 컨피그레이션 프로토콜Network Configuration Protocol 워킹 그룹에서는 네트워크 장치의 설정 관리를 위한 프로토콜인 NETCONF를 제안했다. 이 워킹 그룹은 현재도 논의를 진행 중이며, 가장 최근 제안한 표준은 2011년 6월에 출판되었다. IETF ForCESForwarding and Control Element Separation 워킹 그룹은 SDN과 평행한 접근 방법을 이끌고 있다. SDN과 오픈 네트워킹 파운데이션Open Networking Foundation은 ForCES와 공통의 목표를 공유한다. ForCES도 네트워크 장치의 내부 구조를 제어 모듈과 패킷 전달 모듈로 분리하여 재정의하였으나, 외부에는 여전히 하나의 단일 네트워크 장치로 동작한다. 오픈플로우의 부모격인 연구로 스탠포드 대학에서 2006년에 진행한 SANE/Ethane 프로젝트(yuba.stanford.edu/sane, and yuba.stanford.edu/ethane/)가 있다. 이들은 엔터프라이즈 네트워크를 위한 새로운 네트워크 구조를 제안한 프로젝트들로, Ethane 프로젝트는 네트워크 정책과 보안을 관리하기 위해 중앙에 집중된 컨트롤러를 이용하는 구조에 집중했다.

 최근에 네트워크 사업자, 서비스 사업자, 장비 제조사가 모여 SDN과 오픈플로우 프로토콜의 표준화를 주도하기 위한 Open Networking Foundation(www.opennetworking.org)이라는 조직을 만들었다. 이 글을 쓰는 시점에서 가장 최신의 오픈플로우 스펙은 버전 1.4이지만, 현재 가장 널리 구현되고 이용되는 스펙이 오픈플로우 1.0.0(Wire Protocol 0x01)이므로, 이 책에서는 오픈플로우 1.0.0에 기반해 설명한다.

구성 요소

SDN 구축을 위한 주요 구성 요소에는 SDN 스위치(예, 오픈플로우 스위치), SDN 컨트롤러, 컨트롤러와 패킷 전달 장치 사이의 통신을 위한 사우스바운드 southbound 인터페이스, 네트워크 애플리케이션과 통신을 위한 노스바운드 northbound 인터페이스가 있다. SDN에서 스위치들은 기존에 수행하던 제어 로직이나 알고리즘은 컨트롤러로 위임하고, 오픈 인터페이스를 통해 제어되는 단순한 패킷 전달 하드웨어로 표현된다. 오픈플로우 스위치에는 두 가지 형태가 있다. 첫 번째로 순수 오픈플로우만 지원OpenFlow-only하는 스위치이고, 두 번째로는 기존 장치에 오픈플로우를 추가한 하이브리드 스위치OpenFlow-enabled 가 있다.

순수 오픈플로우 스위치는 기존 스위치에 탑재된 네트워크 프로토콜이나 제어 기능이 없고, 컨트롤러의 포워딩 결정에 전적으로 의존한다. 하이브리드 스위치는 전통적인 운용방식과 프로토콜에 더불어 오픈플로우를 지원한다. 현재 판매 중인 상용 스위치 대부분은 하이브리드 스위치다. 오픈플로우 스위치는 패킷에 대한 탐색과 포워딩을 수행하는 플로우 테이블로 구성된다. 스위치 내의 각 플로우 테이블은 다음 정보를 포함하는 플로우 목록을 담고있다.

1. 헤더 필드 또는 매치match 필드, 입력된 패킷의 일치 여부를 판단하는 패킷 헤더, 입력 포트, 메타데이터 정보

2. 카운터, 특정 플로우의 통계(예, 수신 패킷 수, 수신 바이트 수, 플로우의 지속시간 등)를 수집하기 위해 사용

3. 일치한 패킷을 어떻게 처리할지 알려주는 명령이나 액션의 집합. 예를 들어, 패킷을 지정된 포트로 내보내라는 액션

제어 결정과 포워딩이 분리된 SDN(그리고 오픈플로우) 구조는 컴퓨팅 플랫폼에서 애플리케이션 프로그램과 운영체제에 비교될 수 있다. SDN에서 컨트롤러(즉, 네트워크 운영체제)는 네트워크 제어와 관리 업무를 수행하고, 새로운 기능의 애플리케이션을 개발할 수 있는 네트워크 프로그래밍 인터페이스를 제공한다. 다음 그림에서 이 모델의 계층적인 뷰를 볼 수 있다. 이 뷰는 컨트롤이 집중화되고, 애플리케이션들은 네트워크가 단일 시스템인 것처럼 만들어진다. 이는 정책 적용과 관리 업무를 단순화시키지만, 컨트롤과 네트워크 전달 장치의 결합이 매우 강하게 유지되어야 한다. 다음 그림에서 컨트롤러는 네트워크 운영체제로 동작하기 위해 최소 두 개의 인터페이스를 제공해야 한다. 첫 번째는 네트워크 제어에 프로그램 가능한 API를 제공하는 사우스바운드 인터페이스(예, 오픈플로우)이고, 두 번째는 네트워크 제어와 고수준의 정책 애플리케이션/서비스를 위한 프로그래밍 API를 제공하는 노스바운드 인터페이스다. 다음 그림은 헤더 필드(매치 필드)를 보여준다. 플로우 테이블의 각 항목은 특정한 값이나 어떠한 값 와도 일치하는 ANY(다음 그림에서 보이는 *)를 가질 수 있다.

오픈플로우 스위치, 플로우 테이블, 오픈플로우 컨트롤러, 네트워크 애플리케이션

스위치가 IP 발신지나 목적지 필드에 대한 서브넷 마스크를 지원하면, 패킷을 더 세밀하게 지정하여 일치시킬 수 있다. 포트 필드(또는 입력 포트)는 숫자 1부터 시작하여 스위치의 입력 포트를 표현하고, 구현에 따라 필드 길이는 다를 수 있다. 입력 포트 필드는 모든 패킷들에 적용 가능하다. 발신지와 목적지 MAC(이더넷) 주소는 스위치의 활성enabled 포트들의 모든 패킷에 대해 적용 가능하고, 그 길이는 48비트다. 이더넷 타입 필드는 16비트이고, 활성 포트들의 모든 패킷에 대해 적용 가능하다. 오픈플로우 스위치는 표준 타입의 이더넷과 OUIOrganizationally Unique Identifier가 0x000000이고, SNAPSubnetwork Access Protocol 헤더를 가진 IEEE 802.2 프레임 타입에 대한 매치를 지원해야 한다. 0x05FF는 SNAP 헤더가 없는 모든 802.3 패킷들을 매치하는 데 이용된다. VLAN ID는 이더넷 타입이 0x8100인 모든 패킷에 적용된다. 이 필드의 크기는 12비트(즉, 4096개 VLAN)다. VLAN 우선순위(또는 VLAN PCP 필드)는 3비트 크기로 이더넷 타입이 0x8100인 모든 패킷에 적용된다. IP 발신지와 목적지 주소는 32비트로 모든 IP와 ARP 패킷에 대해 적용된다. IP 프로토콜 필드는 모든 IP, IP over Ethernet, ARP 패킷에 적용된다. 이 필드의 길이는 ARP 패킷의 경우 8비트이고,

ARP op-code의 아래 8비트만 이용된다. IP ToS 비트는 8비트이고, 모든 IP 패킷들에 적용된다. 이 8비트 값 중 상위 6비트가 ToS 값을 지정한다. 발신지와 목적지 트랜스포트 포트 주소(또는 ICMP 타입/코드)는 16비트 길이고, 모든 TCP, UDP, ICMP 패킷에 적용 가능하다. ICMP 타입/코드의 경우 아래의 8비트만 매칭에 이용된다.

카운터는 테이블, 플로우, 포트와 큐queue 단위로 유지된다. 카운터는 최대값 도달 시 오버플로우에 대한 표시 없이 초기화된다. 필수 카운터의 세트는 다음 그림에 요약돼 있다. 그림에 있는 바이트byte는 이 책 전반에 걸쳐 8비트 옥텟octet을 의미한다. 지속시간duration은 스위치의 플로우 테이블에 플로우가 추가된 이후의 시간을 말한다. 수신된 에러 필드에는 프레임, 오버런, CRC 에러 등 명시적으로 지정된 모든 에러들을 포함된다.

Per Port Counters:
Received Packets (64 bits)
Transmitted Packets (64 bits)
Received Bytes (64 bits)
Transmitted Bytes (64 bits)
Receive Drops (64 bits)
Transmit Drops (64 bits)
Receive Errors (64 bits)
Transmit Errors (64 bits)
Receive Frame Alignment Errors (64 bits)
Receive Overrun Errors (64 bits)
Receive CRC Errors (64 bits)
Collisions (64 bits)

Per Table Counters:
Active Entries (32 bits)
Packet lookups (64 bits)
Packet Matches (64 bits)

Per Flow Counters:
Received Packets (64 bits)
Received Bytes (64 bits)
Duration (seconds) (32 bits)
Duration (nano seconds) (32 bits)

Per Queue Counters:
Transmit Packets (64 bits)
Transmit Bytes (64 bits)
Transmit Overrun Errors (64 bits)

통계 메시지용 필수 카운터 리스트

각각의 플로우 엔트리는 오픈플로우 스위치가 매칭된 패킷을 처리하는 액션과 연관돼 있다. 만약 포워딩 액션이 정의되어 있지 않다면 패킷은 폐기drop된다. 액션 리스트는 반드시 지정된 순서대로 처리돼야 한다. 하지만 각 포트별로 패킷의 출력 순서가 보장되는 것은 아니다. 예를 들어, 액션 처리 과정에서 생성돼 동일한 포트로 향하는 두 개의 패킷은 임의로 재정렬될 수 있다. 순수 오픈플로우 스위치들은 오직 필수required 액션만을 지원하지만, 하이브리드 오픈플로우 스위치는 일반NORMAL 액션도 지원한다. 또한 두 형태의 스위치는 선택적으로 플러드FLOOD 액션을 지원할 수도 있다. 필수 액션은 다음과 같다.

- Forward: 오픈플로우 스위치는 반드시 물리적인 포트와 가상virtual 포트로의 패킷 포워딩을 지원해야 한다.

  - ALL: 입력 포트를 제외한 모든 인터페이스에 패킷을 보낸다.

  - CONTROLLER: 패킷을 캡슐화encapsulate하여 컨트롤러에 보낸다.

  - LOCAL: 스위치 내부의 네트워킹 스택으로 패킷을 보낸다.

  - TABLE: 패킷-아웃 메시지에 대해서만 플로우 테이블에 정의된 액션을 수행한다.

  - IN_PORT: 패킷을 입력 포트로 돌려 보낸다.

- 폐기Drop: 모든 일치하는 패킷들을 폐기한다. 액션이 정의되지 않은 플로우 항목은 폐기 액션을 수행한다.

- 선택적인Optional 액션은 다음과 같다.

  - Forward: 스위치는 선택적으로 포워딩 액션을 위해 다음의 가상 포트들을 지원할 수 있다.

    NORMAL: 스위치가 지원하는 기존의 포워딩 경로를 통해 패킷을 처리한다(기존의 L2, VLAN, 또는 L3 처리).

    FLOOD: 패킷을 입력 인터페이스를 포함하지 않은 최소 확장 트리minimum spanning tree를 따라 전달한다.

- Enqueue: 패킷을 포트의 큐를 통해 포워드한다. 포워딩 행동은 큐의 설정에 따르고, 기본적인 QoS를 지원하기 위해 이용된다.

- 필드 수정: 선택적(추천되는) 필드 수정 액션은 다음과 같다.

  - VLAN ID 설정: VLAN이 존재하지 않는 경우, 지정된 VLAN ID(12비트 값)와

우선순위가 0인 새로운 헤더가 추가된다. VLAN 헤더가 이미 존재하는 경우 해당 VLAN ID는 지정된 값으로 대체된다.

- VLAN 우선순위 설정: VLAN이 없는 경우, 지정된 우선순위(3비트 데이터)와 VLAN ID 0을 갖는 새로운 헤더가 추가된다. 이미 VLAN ID 헤더가 있는 경우 우선순위 필드는 지정된 값으로 대체된다.

- VLAN 헤더 제거: VLAN 헤더가 있을 경우 이를 제거한다.

- 이더넷 발신지/목적지 MAC 주소 수정: 기존의 이더넷 발신지/목적지 MAC 주소를 새로운 값(48비트 데이터)으로 대체한다.

- IPv4 발신지/목적지 주소 수정: 기존의 IP 발신지/목적지 주소를 새로운 값(32비트 데이터)으로 대체하고, IP 체크섬(가능한 경우 TCP/UDP 체크섬 포함)을 업데이트한다. 이 액션은 IPv4 패킷만 적용 가능하다.

- IPv4 ToS 비트 수정: 기존의 IP ToS 필드를 6비트 데이터로 수정한다. 이 액션은 IPv4 패킷에만 적용 가능하다.

- 트랜스포트 발신지/목적지 포트: 기존의 16비트의 TCP/UDP 발신지/목적지 포트와 TCP/UDP 체크섬을 대체한다. 이 액션은 TCP와 UDP 패킷에만 적용 가능하다.

패킷이 오픈플로우 스위치에 도착하면, 패킷 헤더 필드에 대해 플로우 테이블 목록의 매칭 필드 부분과 일치 여부를 확인한다. 일치 여부 확인을 위해 첫 번째 플로우 테이블 목록에서 시작해 연속되는 플로우 테이블의 항목들과 대조한다. 일치된 항목이 발견되면, 스위치는 패킷에 대해 해당 항목과 연관된 명령들을 적용한다. 패킷이 플로우 항목과 일치하면 해당 플로우 항목의 카운터를 증가시킨다. 플로우 테이블 탐색 과정에서 일치된 항목을 찾지 못한 경우, 스위치가 수행할 액션은 테이블-미스table-miss 플로우 항목에 정의된 내용에 따른다. 플로우 테이블은 테이블 미스를 처리하기 위해 테이블-미스 항목을 반드시 포함해야 한다. 이 항목은 도착한 패킷과 일치하는 항목이 발견되지 않을 경우에 수행할 액션의 집합을 정의한다. 해당 액션 집합은 패킷을 폐기하거나, 해당 패킷을 모든 인터페이스로 내보내거나, 보안 오픈플로우 채널을 통해 해당 패킷을 컨트롤러에게 포워딩하는 액션을 포함한다. 테이블 탐색에 이용되는 헤더 필드는 아래에 설명된 것과 같이 패킷 타입에 따른다.

- (입력)포트가 지정된 룰은 해당 패킷을 수신한 물리적 포트에 대해 일치 여부를 판단한다.

- 첫 번째 그림과 같이 이더넷 헤더(발신지 MAC, 목적지 MAC, 이더넷 타입 등)는 모든 패킷에 이용된다.

- VLAN(이더넷 타입 0x8100) 패킷이면, VLAN ID와 VLAN 우선순위(PCP) 필드가 탐색에 이용된다.

- IP 패킷(이더넷 타입 0x0800)에 대한 탐색은 IP 헤더의 내용(발신지 IP, 목적지 IP, IP 프로토콜, ToS 등)을 포함한다.

- TCP나 UDP 패킷(IP 프로토콜 6이나 17)에 대한 탐색은 전송 포트(TCP/UDP 발신지/목적지 포트)를 포함한다.

- ICMP 패킷(IP 프로토콜 1)에 대한 탐색은 타입(Type)과 코드(Code) 필드를 포함한다.

- 단편화fragment 오프셋 값이 0이 아니거나 더 많은 단편화 비트가 설정된 IP 패킷은 탐색을 위해 전송 포트가 0으로 설정된다.

- ARP 패킷(이더넷 타입 0x0806)에 대한 탐색은 IP 발신지와 목적지 필드를 포함한다.

패킷에 대한 일치 여부 확인은 우선순위가 높은 플로우 항목부터 시작한다. 와일드카드 없이 정확한 일치 조건을 지정한 항목은 항상 가장 높은 우선순위를 갖는다. 와일드카드가 지정된 항목은 따로 지정한 우선순위를 갖는다. 높은 우선순위의 항목에 대해 낮은 우선순위의 항목보다 먼저 일치 여부를 확인한다. 여러 항목의 우선순위가 같으면 스위치가 임의로 순서를 결정한다. 이때, 항목의 번호가 높을수록 먼저 처리된다. 다음 그림은 오픈플로우 스위치 내부의 패킷 흐름을 보여준다. 플로우 테이블 필드가 ANY(*, 와일드카드)를 가지면, 이것은 헤더가 가질 수 있는 모든 값과 일치함을 의미한다.

이더넷 프레임에는 Ethernet II, SNAP을 포함하거나 포함하지 않는 802.3 등 다양한 타입이 있다. 이더넷 II 프레임에 대한 일치 여부 확인은 정해진 내용에 따라 처리된다. SNAP 헤더의 OUI가 0x000000인 802.3 프레임 패킷의 경우, SNAP 프로토콜 ID를 플로우의 이더넷 타입과 비교한다. 이더넷 타입이 0x05FF인 이더넷 타입으로 지정된 플로우 항목은 SNAP 헤더를 가지지 않거나 SNAP 헤더를 가지면서 OUI가 0x0000000이 아닌 모든 이더넷 802.2 프레임과 일치한다.

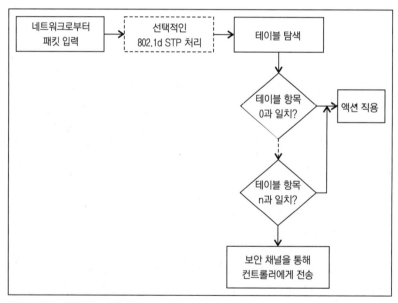

오픈플로우 스위치 내의 패킷 흐름

오픈플로우 메시지

컨트롤러와 스위치 사이의 통신은 약속된 메시지들의 집합을 상호 간에 구성된 보안 채널을 통해 주고받는 오픈플로우 프로토콜을 통해 이뤄진다. 보안 채널은 각 오픈플로우 스위치를 컨트롤러에 연결시키는 인터페이스다. 스위치는 전원이 연결되면 사용자에 의해 설정된 컨트롤러와 TLSTransport Layer Security 연결을 생성한다. 컨트롤러의 기본 TCP 포트는 6633이다. 스위치와 컨트롤러는 상호 간에 사이트별 개인키private key가 서명된 인증서를 주고받아 서로를 인증한다. 각 스위치는 컨트롤러를 인증하기 위한 인증서(컨트롤러 인증서)와 컨트롤러와 인증을 주고받는 인증서(스위치 인증서)를 사용자가 설정할 수 있어야 한다.

보안 채널Secure channel을 통해 나가고 들어오는 트래픽은 플로우 테이블의 일치 여부를 확인하지 않으므로, 스위치는 해당 트래픽을 로컬local로 설정한다. 스위치와 컨트롤러 사이의 연결이 에코echo 요청 타임아웃, TLS 세션 타임아웃, 또는 다른 이유로 끊어지는 경우, 스위치는 백업 컨트롤러 연결을 시도해야 한다. 컨트롤러와 몇 차례의 연결 시도에 실패하는 경우, 스위치는 비상emergency 모드로 전환돼 현재의 TCP 연결을 즉시 초기화한다. 이때부터 매칭 프로세스는 (emergency bit가 설정된) 비상 플로우 테이블 항목에 의해 좌우된다. 비상 플로우 수정modify 메시지는 타임아웃 값이 0으로 설정되어야 한다. 그렇지 않은 경우 스위치는 추가를 거부하고 에러 메시지로 응답한다. 모든 일반 항목은 비상 모드로 전환될 때 지워진다. 컨트롤러와 연결이 복구되어도, 비상 플로우 항목은 유지된다. 이때, 컨트롤러는 원할 경우 모든 플로우 항목을 지울 수 있다.

 스위치가 처음 부팅되면, 비상 모드로 동작한다. 초기 플로우 항목에 대한 설정은 오픈플로우 프로토콜이 다루는 영역이 아니다.

컨트롤러는 이 연결을 통해 스위치를 설정/관리하고, 스위치로부터 이벤트를 수신하거나 패킷을 내보낸다. 원격 컨트롤러는 오픈플로우 프로토콜을 이용해 스위치의 플로우 테이블에 플로우 항목을 추가, 수정, 삭제할 수 있다. 이는 패킷 도착에 대한 응답으로 발생할 수도 있고, 사전에 입력 가능하다. 오픈플로우 프로토콜은 컨트롤러 스위칭 하드웨어와 네트워크 컨트롤러 사이의 통신을 정의하고 있기 때문에, 스위치간 상호작용(사우스바운드 인터페이스)의 구현 중 하나로 볼 수 있다. 보안을 위해서, 오픈플로우 1.3.x는 선택적으로 암호화된 TLS 통신과 스위치/컨트롤러 사이의 인증서 교환을 지원한다. 하지만 구체적인 구현이나 인증서 포맷은 지정하지 않는다. 또한, 공인된 컨트롤러에 대해 부분적인 접근 권한만 승인하는 방법이 없기 때문에 다중 컨트롤러 기반의 시나리오와 관련된 세밀한 보안 옵션은 현재의 오픈플로우 규격specification에서 다루지 않는다. 오픈플로우 프로토콜은 세 가지 메시지 타입을 정의하고, 각 메시지 타입은 다양한 서브타입을 갖는다.

- 컨트롤러와 스위치Controller-to-switch
- 대칭Symmetric
- 비동기Asynchronous

컨트롤러와 스위치

컨트롤러와 스위치Controller-to-switch 메시지는 컨트롤러에 의해 시작돼 스위치의 상태를 직접 관리하거나 조사하기 위해 이용된다. 이 타입의 메시지는 경우에 따라 스위치의 응답을 받기도 하며 다음의 서브타입으로 분류된다.

기능 요청

TLS 세션이 맺어지면, 컨트롤러는 스위치에게 기능Features 요청 메시지를 보낸다. 스위치는 지원하는 기능과 능력 정보를 담은 기능 응답 메시지로 응답한다.

설정

컨트롤러는 스위치 내부의 구성 변수를 설정Configuration하거나 질의할 수 있다. 스위치는 컨트롤러가 보내는 질의에만 응답이 가능하다.

상태 수정

상태 수정Modify-State 메시지는 컨트롤러가 스위치의 상태를 관리하기 위해 이용한다. 플로우 테이블에 항목을 추가/삭제, 수정하거나 스위치 포트의 우선순위를 설정한다. 플로우 테이블 수정 메시지는 다음의 타입을 갖는다.

- 추가ADD: 스위치는 OFPFF_CHECK_OVERLAP 플래그가 설정된 추가 요청에 대해서 먼저 중복된 플로우 항목이 있는지 확인한다. 하나의 패킷이 두 개의 플로우 항목과 일치되고, 두 항목의 우선순위가 같을 경우 중복으로 판단한다. 추가 요청이 기존 플로우 항목과 중복으로 인해 충돌할 경우, 스위치는 이를 거절하고 OFPET_FLOW_MOD_FAILED 에러 타입과 OFPFMFC_OVERLAP 에러 코드를 갖는 ofp_error_msg로 응답한다. 중복되지 않거나, 중복 확인 플래그가 설정되지 않은 추가 요청에 대해 스위치는 새로운 플로우 항목을 모든 와일드카드를 지원하는 테이블 항목 중 가장 낮은 번호의 테이블 항목으로 입력한다. 동일한 헤더 필드와 우선순위를 갖는 플로우 항목이 이미 플로우 테이블에 존재할 경우, 해당 항목은 카운터까지 포함해 삭제되고 새로운 항목이 추가된다. 요청받은 플로우 항목을 추가할 테이블을 찾지 못할 경우, 스위치는 OFPET_FLOW_MOD_FAILD 타입과 PFOFMFC_ALL_TABLES_FULL 에러 코드를 갖는 ofp_error_msg로 응답한다. 플로우 수정 메시지의 액션 목록이 스위치에 없는 포트를 참조할 경우, 스위치는 OFPET_BAD_ACTION 타입과 OFPBAC_BAD_OUT 코드를 갖는 ofp_error_msg로 응답한다. 참조된 포트가 향후에 유효해질 수 있다면(예를 들어, 라인 카드가 추가되는 경우) 스위치는 참조된 포트로 보내진 패킷을 폐기시키거나, 즉시 OFPBAC_BAD_PORT 에러를 반환하고

플로우 수정 메시지를 거절할 수 있다.

- 수정MODIFY: 동일한 헤더필드를 갖는 플로우 항목이 없을 경우, 수정 명령은 추가 명령과 같이 동작해 카운터가 0으로 설정된 새로운 플로우 항목이 입력된다. 이미 플로우 항목이 있을 경우, 해당 항목의 액션 목록만 수정되고 카운터와 타임아웃 필드는 그대로 유지된다.

- 삭제DELETE: 삭제 요청에 일치되는 플로우 항목이 없을 경우, 플로우 테이블을 수정하지 않고, 관련하여 에러를 기록하지도 않는다. 일치되는 플로우 항목이 있을 경우, 해당 항목이 삭제되고 OFPFF_SEND_FLOW_REM 플래그가 설정되어 있었다면 플로우 제거 메시지를 생성해 컨트롤러에게 전달한다. 이때, 긴급 플로우 항목들은 플로우 제거 메시지를 발생시키지 않는다. DELETE와 DELETE_STRICT(다음 항목 참조) 명령은 출력 포트에 의해 선택적으로 걸러질 수 있다. 출력 포트 필드가 OFPP_NONE 이외의 값을 가지면, 일치 여부 판단 시에 제약 조건이 된다. 이 제약 조건은 룰이 반드시 해당 포트로 향하는 출력 액션을 가져야 한다는 것이다. ADD, MODIFY, MODIFY_STRICT 메시지는 이 필드를 무시한다.

- 수정MODIFY과 삭제DELETE: 이 명령들은 대응되는 _STRICT 버전을 갖는다. _STRICT 버전이 아닌 경우, 와일드카드가 활성화되고 해당 메시지의 내용과 일치하는 모든 플로우가 수정되거나 삭제된다. _STRICT 버전의 경우, 와일드카드와 우선순위를 포함한 모든 필드가 정확하게 일치하는 플로우만 수정하거나 삭제한다. 예를 들어, 모든 와일드카드 플래그가 설정된 항목들을 지우는 메시지가 스위치로 전송되면, 이 삭제 명령은 모든 테이블에 있는 모든 플로우를 삭제한다. 그러나 DELTE_STRICT 명령은 모든 패킷에 적용되고, 지정된 우선순위를 가진 항목만을 지운다. 와일드카드를 포함하는 _STRICT 버전이 아닌 MODIFY와 DELETE 명령은 정확하게 일치하는 플로우 항목이 있거나 flow_mod 명령의 내용보다 더 상세한 경우에만 일치한다고 판단한다. 예를 들어, DELETE 명령이 목적지

포트 80에 해당하는 모든 플로우를 삭제하라고 한다면 모든 필드에 와일드카드를 가진 항목은 삭제되지 않는다. 그러나 모든 필드에 와일드카드가 설정된 DELETE 명령은 모든 80번 포트 트래픽에 해당하는 항목을 삭제한다.

상태 읽기

상태 읽기Read-State 메시지는 스위치의 플로우 테이블과 포트, 개별 플로우 항목으로부터 상태 정보를 수집한다.

패킷 전송

컨트롤러가 스위치의 특정 포트로 패킷을 내보내기 위해 사용한다.

배리어

배리어Barrier 요청/응답 메시지는 컨트롤러가 메시지 의존성을 확인하거나 완료된 작업에 대한 알림을 받는 데 사용된다.

동기 메시지

동기 메시지는 스위치나 컨트롤러 중 하나가 시작하고 상대방의 동의를 구하지 않고 보내진다. 오픈플로우는 아래의 세 가지 동기 메시지 서브타입을 정의한다.

헬로우

헬로우Hello 메시지는 스위치와 컨트롤러 사이에 연결이 설정될 때 주고받는다.

에코

에코Echo 요청/응답 메시지는 스위치나 컨트롤러가 보낼 수 있고, 에코 응답을 보내야 한다. 이 메시지들은 전송지연latency이나 대역폭, heartbeat처럼 컨트롤러와 스위치 사이의 연결이 살아있는지 확인할 때 사용된다.

벤더

벤더Vendor 메시지는 향후 오픈플로우 프로토콜 수정 시에 오픈플로우 스위치가 오픈플로우 메시지 타입 공간 안에서 추가 기능을 제공하기 위한 표준 방법을 제공한다.

비동기 메시지

비동기Asynchronous 메시지는 스위치가 시작하고, 네트워크 이벤트(패킷 도착)와 스위치의 상태 변화, 에러를 컨트롤러에게 전달하기 위해 사용된다. 오픈플로우 프로토콜은 다음의 네 가지 비동기 메시지를 정의한다.

패킷-인

일치되는 플로우 항목이 없거나 컨트롤러로 보내기send-to-controller 액션이 설정된 항목에 일치하는 패킷에 대해 컨트롤러로 패킷-인Packet-in 메시지를 보낸다. 스위치가 컨트롤러로 보낸 패킷들을 저장할 메모리 공간이 충분하다면, 패킷-인 메시지는 패킷 헤더 일부(기본으로 128바이트)만 포함하고, 컨트롤러는 버퍼 ID를 사용해 스위치에게 패킷 포워딩을 요청한다. 내부 버퍼링을 지원하지 않는(또는 가용 내부 저장 공간이 없는) 스위치는 패킷-인 메시지에 전체 패킷을 담아 컨트롤러에게 보낸다.

플로우 제거

플로우 수정 메시지(상태 수정 절 참고)를 통해 플로우 항목이 스위치에 추가될 때, 유휴idle 타임아웃 값은 해당 항목이 활동이 없거나 고정 타임아웃 값에 도달했을 때, 해당 항목을 언제 지워야 하는지를 나타낸다. 고정hard 타임아웃 값은 활동 여부에 관계없이 해당 항목을 언제 지워야 하는지를 나타낸다. 플로우 수정 메시지는 또한 플로우가 만료됐을 때 플로우 제거Flow-Removal 메시지를 컨트롤러에게 보낼지 여부를 지정한다. 플로우 항목을 지우는 플로우 수정 메시지도 플로우 제거 메시지를 발생시킬 수 있다.

포트 상태

스위치는 포트 설정configuration 상태가 변하면 포트 상태Port-status 메시지를 컨트롤러에게 보낸다. 이 이벤트는 일반적인 포트 상태 변화(예를 들어, 사용자가 포트를 셧다운시켰을 때)나 802.1D에 명시된 포트 상태 변화(스패닝 트리)를 포함한다. 오픈플로우 스위치는 선택적으로 802.1D 스패닝 트리 프로토콜STP을 지원할 수 있다. 해당 스위치는 802.1D 패킷을 플로우 테이블 탐색 전에 내부적으로 처리한다. STP로 지정된 포트 상태는 OFP_FLOOD 포트로 보내진 패킷이 스패닝 트리를 따라서 전달되도록 제한하는 데 이용된다. 출력 포트가 OFP_ALL로 지정된 포워딩 액션은 STP에 의해 설정된 포트 상태를 무시한다는 점에 주의해야 한다. STP에 의해 제한된 포트로 수신된 패킷은 정상normal 플로우 테이블 처리 경로를 따라 처리된다.

에러

스위치는 에러Error 메시지를 이용해 컨트롤러에게 문제를 전달한다.

오픈플로우 규격의 핵심은 오픈플로우 프로토콜 메시지로 사용되는 C 구조체들이다. 관심 있는 독자는 해당 데이터 구조와 상세한 설명을 아래 경로에서 확인할 수 있다.

- www.openflow.org/documents/openflow-spec-v1.0.0.pdf
- www.opennetworking.org/sdn-resources/onf-specifications.

노스바운드 인터페이스

외부의 관리 시스템이나 네트워크 애플리케이션Net Apps이 하부 네트워크에 대한 정보를 원하거나, 네트워크의 행동이나 정책을 제어하길 원할 수 있다. 또, 다양한 이유로 컨트롤러들 간에 통신이 필요할 수 있다. 예를 들어, 내부적인 제어 애플리케이션이 여러 제어 도메인에 걸쳐 자원을 예약할 필요가 있을 수 있고, 주 컨트롤러가 정책 정보를 백업 컨트롤러와 공유할 필요가 있을 수 있다. 컨트롤러-스위치간 통신(사우스바운드 인터페이스)과는 다르게 노스바운드 Northbound 인터페이스는 현재까지 확정된 표준이 없는 상태이고, 애플리케이션의 목적에 맞춰 임의로ad-hoc 구현되고 있다. 이는 컨트롤러-스위치간 상호작용은 하드웨어 구현을 필요로 하는 반면에, 노스바운드 인터페이스는 전적으로 소프트웨어로 정의되기 때문이다. 컨트롤러를 네트워크 운영체제로 생각한다면, 애플리케이션은 하부의 하드웨어(스위치)에 액세스할 수 있고, 다른 애플리케이션과 상호작용할 수 있으며, 시스템 서비스(예를 들어, 토폴로지 발견, 포워딩 등) 이용을 지원하는 명확하게 정의된 인터페이스가 필요하다. 몇 가지 컨트롤러가 존재하지만, 애플리케이션 인터페이스는 여전히 초기 상태로 상호 간에 독립적이고, 호환성이 없다. 명확한 노스바운드 인터페이스 표준이 나타나기 전까지는 SDN 애플리케이션은 계속 사용 목적에 맞춰 개발될 것이고, 유연하고, 이동가능한 네트워크 애플리케이션의 개념이 실현되기에는 시간이 더 필요할 것이다.

요약

오픈플로우는 네트워크 장비 내부의 제어와 데이터 포워딩을 분리하고자 했던 많은 기존 연구들의 연장선에 있다. 1장에서는 이러한 노력의 배경을 살펴봤고, SDN의 주요 구성 요소 중에서도, 특히 오픈플로우 프로토콜과 그 기본 동작을 설명했다. 2장에서는 오픈플로우 스위치의 소프트웨어와 하드웨어 참조 구현과 Mininet 실험 환경을 소개한다.

2

오픈플로우 스위치 구현

2장에서는 오픈플로우 스위치 (v1.0)의 구현과 주요 하드웨어, 소프트웨어 오픈플로우 스위치에 대해서 설명한다. 그리고 오픈플로우 스위치와 컨트롤러를 경험해볼 수 있는 통합 실험 환경인 Mininet을 소개한다. 2장에서는 오픈플로우의 참조reference 구현과 하드웨어/소프트웨어 제품을 소개한다. Mininet 네트워크 에뮬레이션을 이용한 오픈플로우 실험과정을 각 단계별로 설명한다.

오픈플로우 참조 스위치

오픈플로우 스위치는 오픈플로우 프로토콜과 인터페이스로 접근 가능한 기본적인 포워딩 장치다. 간단하게 생각하면 이러한 구성이 스위칭 하드웨어를 단순하게 할 것으로 생각되지만, 오픈플로우와 같은 플로우 기반 SDN 구조는 전통적인 스위치의 ASICApplication Specific IC으로 구현하기 어려운 추가 포워딩 테이블과 버퍼 공간과 통계 카운터를 필요로 한다. 오픈플로우 네트워크를 구성하는 스위치는 하이브리드OpenFlow enabled와 순수OpenFlow only 두 가지 형태가 존재한다. 하이브리드 스위치는 기존 스위치의 동작과 프로토콜(L2/L3 스위칭)에 더불어 오픈플로우를 추가로 지원한다. 순수 오픈플로우 스위치는 기존 스위치와는 다르게 자체적인 제어 기능이 내장되지 않고, 포워딩 결정을 컨트롤러에게 전적으로 의존한다. 현재 대부분의 상용 스위치는 하이브리드 스위치다. 오픈플로우 스위치는 TCP 기반의 TLS 세션 위에서 동작하는 오픈 인터페이스를 통해 제어되기 때문에, 이 링크는 항상 연결가능하고 안전한 상태이어야 한다. 오픈플로우 프로토콜은 오픈플로우 스위치와 오픈플로우 컨트롤러 사이의 통신방법을 정의한다는 점에서 SDN 기반의 컨트롤러와 스위치 사이의 상호작용(일종의 메시징 프로토콜)에 대한 구현 중 하나로 볼 수 있다.

스탠포드 대학에서 개발한 오픈플로우 스위치 참조 구현은 사용자 공간user space에서 플로우 테이블을 구현한 ofdatapath와 참조 스위치의 보안 채널 컴포넌트를 구현한 ofprotocol, 스위치 설정 툴인 dpctl을 포함한다. 이 배포판은 추가 소프트웨어로 다수의 오픈플로우 스위치와 연결 가능한 단순한 제어 프로그램인 controller와 오픈플로우 프로토콜을 분석할 수 있는 와이어샤크Wireshark 디섹터dissector를 포함하고 있다. 다음 그림은 오픈플로우 참조 스위치와 1장에서 소개된 세 가지 메시지 타입(컨트롤러-스위치, 비동기, 대칭), 그리고 각각의 하부 메시지 타입을 보여준다. 2장에서는 이들의 구현과 관련된 세부사항을 설명한다. 컨트롤러-스위치 메시지는 컨트롤러에 의해 시작되고 오픈플로우 스위치로부터 응답을 선택적으로 받을 수 있다.

오픈플로우 1.3.0은 암호화된 TLS 통신과 오픈플로우 스위치/컨트롤러 사이의 인증서 교환을 선택적으로 지원한다. 그러나 관련해서 정확한 구현이나 인증 포맷은 아직 정의되지 않았다. 또한, 다수의 오픈플로우 컨트롤러를 이용하는 시나리오와 관련된 상세한 보안 옵션은 현재 오픈플로우 규격(specification)의 범위가 아니다. 오픈플로우 컨트롤러에게 부분적인 접근 권한만을 제공하는 방법은 아직까지 제공되지 않고 있다. 다시 한번 이 책은 오픈플로우 1.0.0 명세서에 따른다는 것을 기억하자. 참조 오픈플로우 1.0.0 구현은 다음 경로에서 다운로드할 수 있다

- www.openflow.org/wp/downloads/

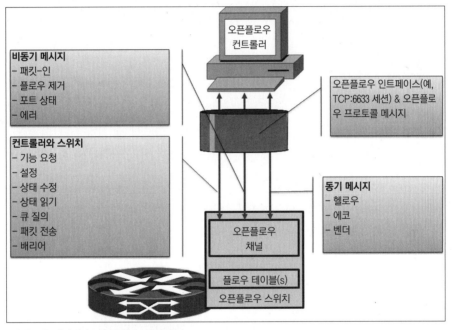

오픈플로우 인터페이스와 메시징 프로토콜

이 메시지들은 스위치의 상태를 직접 관리하기 위해 사용된다.

- 기능Features: TLS 세션이 생성되면(예를 들어, 6633 포트상의 TCP TLS), 컨트롤러는 OFPT_FEATURES_REQUEST 메시지를 스위치로 보내고, 오픈플로우 스위치는 OFPT_FEATURES_REPLY 메시지를 통해 해당 스위치가 지닌 기능feature과 사용 가능한 능력capability을 담아 응답한다. 데이터패스 지정자

(datapath_id), 데이터패스(오픈플로우 스위치)에서 지원하는 플로우 테이블의 수, 스위치 능력, 지원하는 액션, 포트의 정의가 컨트롤러로 보고되는 주요 기능 정보다. datapath_id 필드는 오픈플로우 스위치(데이터패스)를 유일하게 지정한다. datapath_id는 64비트를 가지며, 하위 48비트는 스위치의 MAC 주소를 담고, 상위 16비트는 제조사에 따라 다른 정보가 들어간다.

- 설정Configuration: 컨트롤러는 스위치의 설정 파라미터를 OFPT_SET_CONFIG와 OFPT_GET_CONFIG_REPLY 메시지를 이용해 설정하거나 질의할 수 있다. 스위치는 설정 질의 요청에 대해서는 OFPT_GET_CONFIG_REPLY 메시지로 응답하고, 설정 요청에 대해서는 응답을 보내지 않는다.

- 상태 수정Modify State: 컨트롤러는 OFPT_FLOW_MOD 메시지를 이용해 플로우 테이블을 수정하고, OFPT_PORT_MOD 메시지를 통해 물리 포트의 동작을 수정한다. 플로우 수정 명령에는 1장에서 설명한 ADD, MODIFY, MODIFY_STRICT, DELETE, DELETE_STRICT가 있다. 포트 설정 비트는 포트가 다운된 상태인지, 802.1D 스패닝 트리 프로토콜STP 패킷을 처리할지, 그리고 들어오고 나가는 패킷을 어떻게 처리할지를 지정한다. 컨트롤러는 어떤 포트의 OFPPFL_NO_STP을 0으로 설정하여 STP를 활성화시키거나, 1로 설정하여 STP를 비활성화시킬 수 있다. 오픈플로우 참조 구현은 해당 비트를 기본으로 0(STP 활성화)으로 설정한다.

- 상태 읽기Read State: 컨트롤러는 OFPT_STAT_REQUEST 메시지를 이용해 스위치의 상태를 질의할 수 있다. 스위치는 이에 대해 하나 이상의 OFPT_STATS_REPLY 메시지로 응답한다. 이 메시지 교환에는 교환되는 정보의 종류(오픈플로우 스위치 상세, 개별 플로우 통계, 통합 플로우 통계, 플로우 테이블 통계, 물리 포트 통계, 포트 별 큐 통계, 벤더의 특정 메시지)를 지정하고 내용(body) 필드가 어떻게 해석되어야 하는지를 결정하는 타입(type) 필드가 있다.

- 큐 질의Queue query: 오픈플로우 스위치는 단순한 큐잉 메커니즘을 통해 제한적인 QoSQuality of Service를 제공한다. 하나 이상의 큐가 포트에 연결될 수 있고, 플로우를 해당 큐들에게 매핑시킬 수 있다. 특정 큐에 매핑된 플로우는 해당 큐의 설정에 따라 처리된다(예를 들어, 최소 대역 제어). 참고로, 큐 설정은 오픈플로우 프로토콜 밖에서 이뤄지거나(예를 들어, 커맨드 라인 인터페이스를 통해) 외부의 전용 설정 프로토콜을 통해 이뤄진다. 컨트롤러는 큐 질의 메시지를 통해 각 포트에 설정된 큐에 대해 질의할 수 있다.

- 패킷 전송: 컨트롤러는 OFPT_PACKET_OUT 메시지를 이용해 오픈플로우 스위치의 특정 포트로 패킷을 전송할 수 있다.

- 배리어Barrier: 컨트롤러는 메시지 의존성이 지켜졌는지 확인하고 싶거나 완료된 동작에 대해 알림을 받고 싶을 때 이 메시지를 이용한다. 이 메시지는 OFPT_BARRIER_REQUEST이고, 메시지 내용(body)이 없다. 오픈플로우 스위치는 이 메시지를 수신하면 이후에 수신된 메시지를 처리하기 전에 이전에 수신된 모든 메시지들의 처리를 마무리해야 한다. 현재의 처리가 완료되면, 스위치는 원본 요청의 트랜잭션 ID(xid)를 갖는 OFPT_BARRIER_REPLY 메시지를 보낸다.

비동기 메시지

비동기Asynchronous 메시지는 스위치가 시작하고, 컨트롤러에게 네트워크 이벤트와 스위치 상태 변화를 알리기 위해 이용한다. 스위치는 비동기 메시지를 패킷 도착이나 플로우 제거, 포트 상태 변화나 에러를 컨트롤러에게 알리기 위해 사용한다.

스위치(데이터패스)는 패킷을 수신하면 이를 OFPT_PACKET_IN 메시지를 통해 컨트롤러에게 보낸다. 패킷이 스위치에 버퍼링된 경우, 메시지의 데이터 부분에 패킷의 일부만 포함된다. 패킷이 send-to-controller 액션으로 인해 컨트롤러로 보내졌다면 max_len만큼의 바이트를 보내고, 플로우 테이블 미스$_{miss}$로 인해 보내졌다면 miss_send_len만큼의 바이트를 보낸다. 패킷이 스위치 내에 버퍼링 되지 않는다면, 전체 패킷을 메시지의 데이터 부분에 포함하여 보낸다. 버퍼링을 구현하는 스위치는 버퍼링 크기와 버퍼가 재사용되는 시간을 공개해야 한다. 오픈플로우 스위치는 버퍼링된 packet_in 메시지가 컨트롤러로부터 응답을 받지 못했을 경우에 대해서도 처리할 수 있어야 한다.

플로우가 타임아웃되면, 컨트롤러가 요청한 경우 오픈플로우 스위치는 컨트롤러에게 OFPT_FLOW_REMOVED 메시지로 이를 알린다. 해당 메시지의 duration_sec와 duration_nsec 필드는 스위치에 플로우 항목이 생성된 이후 경과한 시간을 나타낸다. 나노초 단위의 총 경과 시간은 duration_sec $\times 10^9$ + duration_nanosec로 계산할 수 있고, 백만분의 1초(millisecond) 단위의 총 경과 시간은 다른 형태의 계산이 필요하다. idle_timeout 필드는 해당 플로우 테이블 항목을 만든 FLOW_MOD 메시지에 설정된 값이다. 데이터패스에 물리포트가 추가, 수정, 삭제되면, 스위치는 이를 OPFT_PORT_STATUS 메시지로 컨트롤러에게 알린다. 또한, 오픈플로우 스위치가 컨트롤러에게 문제를 알려야 하는 경우도 있다. 이 메시지는 에러 타입, 에러 코드, 에러 타입과 코드에 따라 해석되는 가변 길이의 데이터를 포함한다. OFPET_HELLO_FAILED는 헬로우 프로토콜이 실패했음을 알려준다. OFPET_BAD_REQUEST는 요청이 이해가 되지 않을 때 발생한다. 액션 요청이 잘못되었을 때는 OFPET_BAD_ACTION을 지정한다. FLOW_MOD나 PORT_MOD 요청이 실패하면 각각 OFPET_FLOW_MOD_FAILED와 OFPET_PORT_MOD_FAILED 에러 타입의 메시지가 발생한다. 포트 큐 제어에 실패하면 OFPET_QUEUE_OP_FAILED 에러를 발생시킨다.

대칭 메시지

헬로우 메시지(OFPT_HELLO), 에코 요청/응답, 벤더 메시지는 대칭Symmetric 오픈 플로우 메시지다. 사용자 공간의 프로세스와 커널 모듈을 포함하는 오픈플로우 참조 구현에서 에코 요청/응답은 커널 모듈로 구현된다. 이러한 형태의 구현은 보다 정확한 종단간end-to-end 전송지연 타이밍을 제공한다. OFPT_VENDOR 메시지의 벤더 필드는 32비트 값으로 해당 벤더를 유일하게 지정한다. 최상위 most significant 바이트가 0이면 다음 3바이트는 벤더의 IEEE OUI이다. 스위치가 벤더 확장을 처리하지 못하는 경우에는 OFPET_BAD_REQUEST 에러 타입과 OFPBRC_BAD_VENDOR 에러 코드를 갖는 OFPT_ERROR 메시지를 보낸다.

하드웨어 구현

오픈플로우 참조 표준(오픈플로우 1.0.0, 와이어 프로토콜 0x01)은 현재 상용 네트워킹 하드웨어에서 초기 SDN의 실체를 구현하는 주요 기술이다. 이번 절에서는 오픈플로우를 지원하는 스위치와 제조사에 대한 완벽하고 상세한 개요를 제공하기보다는 시장에서 가용한 몇 가지 옵션을 제공한다.

다음 표는 현재 시장에 나와있는 상용 스위치와 제조사와 제공하는 오픈플로우 버전 목록을 보여준다.

제조사	스위치 모듈	오픈플로우 버전
Brocade	NetIron CES 2000 Series, CER 2000,	1.0
Hewlett Packard	3500/3500yl, 5400zl, 6200zl, 6600, 8200zl	1.0
IBM	RackSwitch G8264, G8264T	1.0
Juniper	EX9200 Programmable switch	1.0
NEC	PF5240, PF5820	1.0
Pica8	P-3290, P-3295, P-3780, P3920	1.2
Pronto	3290과 3780	1.0
Broadcom	BCM56846	1.0
Extreme Networks	BlackDiamond 8K, Summit X440, X460, X480	1.0
Netgear	GSM7352Sv2	1.0
Arista	7150, 7500, 7050 시리즈	1.0

소프트웨어 기반 스위치

현재 몇 종류의 오픈플로우 소프트웨어 스위치가 오픈플로우 테스트베드를 구성하고, 오픈플로우 기반의 네트워크 애플리케이션을 개발하고, 테스트할 때 활용 가능하다. 아래에 현재 활용 가능한 소프트웨어 스위치들을 구현 언어와 지원하는 오픈플로우 표준 버전 등, 간단한 설명을 넣어 나열하였다.

- Open vSwitch: 아파치 2.0 라이선스 정책을 따르는 상용 수준의 품질을 제공하는 가상 스위치다. 프로그래밍 가능한 확장을 통한 네트워크 자동화를 위해 설계되었으며, 표준 관리 인터페이스와 프로토콜(넷플로우 NetFlow, sFlow, 오픈플로우 등)을 지원한다.

- 인디고Indigo: 물리 스위치에서 동작하는 오픈 소스 오픈플로우 구현으로, 물리적인 라인 속도로 오픈플로우를 실행하기 위해 이더넷 스위치 ASIC 의 하드웨어 기능들을 이용한다. 이 스위치는 스탠포드 대학에서 개발한 오픈플로우 참조 모델에 기반하여 개발되었다.

- LINC: FlowForwarding이 주도하는 오픈 소스 프로젝트로 오픈플로우 1.2/1.3.1에 기반한 아파치 2 라이선스 구현이다. LINC는 상용 x86 하드웨어상에서 사용할 수 있는 구조를 갖고 있어, Erlang 언어 실행이 가능한 리눅스, 솔라리스, 윈도우, 맥 OS와 FreeBSD 등 다양한 플랫폼에서 동작한다.

- 판토우Pantou(OpenWRT): 판토우는 상용 무선 라우터/액세스 포인트를 오픈플로우 지원 스위치로 바꿔준다. Pantou는 BackFire OpenWRT 릴리즈(리눅스 2.6.32)에 기반하고 있고, 오픈플로우는 OpenWRT상의 애플리케이션으로 구현된다. 이 오픈플로우 모듈은 사용자 공간에서의 스탠포드 참조 구현에 기반한다. 이 책이 집필되는 시점에, Pantou는 Broadcom과 LinkSys의 몇 가지 모델, Broadcom과 Atheros 칩셋을 탑재한 TP-LINK 액세스 포인트를 지원한다.

- Of13softswtich: Ericsson TrafficLab 1.1 softswitch에 기반한 오픈플로우 1.3 호환 사용자 공간 소프트웨어 스위치 구현이다. 이 소프트웨어 스위치의 최신 버전은 스위치 구현(ofdatapath), 컨트롤러와 연결하기 위한 보안 채널(ofprotocol), 오픈플로우 1.3으로의 변환을 위한 라이브러리(oflib), 설정 툴(dpctl)을 포함한다. 이 프로젝트는 브라질의 Ericsson Innovation Center의 지원을 받고 CPqD가 Ericsson Research와 기술 협력을 통해 유지하고 있다.

Mininet을 이용한 오픈플로우 실험

Mininet은 전체 오픈플로우 네트워크를 단 한 대의 컴퓨터상에서 에뮬레이션 해볼 수 있는 소프트웨어 툴이다. Mininet은 많은 호스트와 스위치(최대 4096개)를 하나의 OS 커널상에서 실행시키기 위해 가벼운 프로세스 기반의 가상화(리눅스 네트워크 네임스페이스와 리눅스 컨테이너 구조)를 사용한다. 이를 이용하면 커널이나 사용자 공간의 오픈플로우 스위치, 스위치들을 제어할 컨트롤러, 그리고 에뮬레이션된 네트워크상에서 통신할 호스트를 생성할 수 있다. Mininet은 스위치와 호스트들을 가상 이더넷Virtual Ethernet(veth) 쌍으로 연결한다. 이것은 초기 개발, 디버그, 테스트, 배포 과정을 매우 단순화시킨다. 새로운 네트워크 애플리케이션을 개발할 때 먼저 예상되는 실제 네트워크를 에뮬레이션하여 그 위에서 먼저 개발, 테스트하고, 그 후에 실제 운용 인프라로 적용시킬 수 있다. Mininet은 기본적으로 오픈플로우 1.0을 지원하지만, 새로운 오픈플로우 프로토콜을 지원하는 소프트웨어 스위치를 지원할 수 있도록 수정할 수 있다. Mininet의 주요 기능과 장점은 다음과 같다.

- Mininet 가상 호스트, 스위치, 컨트롤러, 링크로 구성된 네트워크를 생성한다.

- Mininet 호스트는 표준 리눅스 네트워크 소프트웨어를 실행하고, 스위치는 오픈플로우를 지원한다. 이는 오픈플로우 애플리케이션을 개발하는 일종의 저렴한 실험실로 생각할 수 있다. 또한, 복잡한 토폴로지를 물리적 네트워크 구성 없이도 테스트할 수 있다.

- Mininet은 네트워크 전반에 대한 테스트와 디버깅을 수행할 때 도움이 되는 커맨드라인 인터페이스CLI를 포함한다.

- Mininet을 프로그래밍 없이 그대로 이용할 수 있지만, 네트워크 생성과 실험을 위한 직관적이고 확장성 있는 파이썬 API를 활용할 수 있다.

- Mininet은 단순한 시뮬레이션 툴이 아니라, 실제 애플리케이션 코드, OS 커널 코드, 제어 평면 코드(오픈플로우 컨트롤러 코드와 Open vSwitch 코드)를 포

함한 수정되지 않은 코드를 실행할 수 있는 에뮬레이션 환경이다.

- 설치하기가 매우 쉽고, 오픈플로우 1.0 툴이 이미 설치되어 맥/윈도우/리눅스상에서 VMWare나 버추얼박스를 이용해 바로 이용 가능한 가상 머신 이미지로도 제공된다. 이 절의 나머지 부분에서는 이 책에서 계속 이용하게 될 Mininet의 튜토리얼 개요를 제공한다.

Mininet 시작하기

Mininet을 시작하는 가장 쉬운 방법은 미리 패키징된 Mininet VM 이미지를 다운로드하는 것이다. VM은 Mininet뿐 아니라, 모든 오픈플로우 바이너리 파일과 대형 Mininet 네트워크 구성을 지원하는 툴이 포함된다. 미리 패키징된 VM을 설치하는 방법 외에도, 관심있는 독자는 소스코드나 우분투 패키지를 받아서 설치할 수 있다.

 2장에서 소개하는 예제는 Mininet 버전 2.0에 기반한다. 최신 버전의 Mininet은 www.mininet.org/download에서 받을 수 있다.

VM 이미지를 이용하려는 경우에는, 가상화 시스템을 먼저 설치해야 한다. 가상화 시스템 중 버추얼박스VirtualBox(무료, GPL)나 VMware Player(비상용 사용자에게 무료)는 무료이고, 윈도우, 리눅스, OS X 등 다양한 운영체제에서 동작한다. Mininet은 버추얼박스나 VMware Player에서 불러올 수 있는 대략 1GB의 OVFOpen Virtualization Format 이미지 파일로 제공된다. 버추얼박스에서는 VM 이미지를 더블클릭하거나 File 메뉴에서 Import Appliance(가상시스템 가져오기)를 선택해 Mininet의 OVF 파일을 불러올 수 있다. 다음으로 VM에 로그인하려면 Settings 메뉴에서 호스트 전용 어댑터를 추가한다. VMware를 이용한다면, VM에 VMware tools를 설치하기를 요구하는데, 그냥 무시한다. 다음 예제에서는 VMware Player를 Mininet용 가상화 시스템으로 이용한다.

실험 환경을 완성하려면 다음 단계를 거쳐야 한다.

- Mininet VM 이미지를 가상화 프로그램에서 시작한다(다음 그림에서 VMware Player가 실행 중임을 볼 수 있다).

- Mininet VM에 기본 사용자 이름과 암호로 로그인한다. 기본 사용자 이름과 암호는 모두 mininet이다. root 계정은 로그인이 활성화돼 있지 않고, sudo를 이용해 관리자superuser 권한의 명령어를 실행할 수 있다.

- Mininet VM과 SSH 세션을 맺으려면 VM의 IP 주소를 알아야 한다. VMware Player에서는 아마도 `192.168.x.y` 구간의 주소일 것이다. VM 콘솔에서 다음 명령을 수행한다.

  `$ /sbin/ifconfig eth0`

- 버추얼박스를 이용하고, eth1에 호스트 전용 어댑터를 설정했다면 `$ /sbin/ifconfig eth1`을 실행한다.

- VM을 로컬에서 실행 중이라면 `ssh -X`보다는 인증 타임아웃이 없는 `ssh -Y mininet@192.168.44.128` 명령어로 VM에 접속할 수 있다. IP 주소는 `ifconfig` 명령에서 얻은 결과로 대체해야 한다. 이번 절의 실험 환경 구성은 VMware Player상의 Mininet VM, SSH 클라이언트인 putty(X-11 forwarding 옵션 활성화), 그리고 Xming X-Server를 포함한다. X-11 forwarding은 그래픽 화면을 가진 프로그램을 실행할 수 있게 해준다. 예를 들어, Mininet VM 이미지에 미리 설치되어 포함되어 있는 와이어샤크Wireshark를 실행할 수 있다. 다음 그림은 Mininet, XMing(X-Server), 그리고 putty(SSH 터미널)을 포함하는 VMware Player 기반의 실험 환경을 보여준다.

- 다음 그림은 SSH 클라이언트인 putty를 이용해 Mininet VM에 로그인하고, 와이어샤크를 백그라운드 프로세스로 실행(즉, `sudo wireshark &`)한 화면이다. X-11 forwarding이 활성화되어 있기 때문에, 와이어샤크 GUI는 새로운 창으로 보인다.

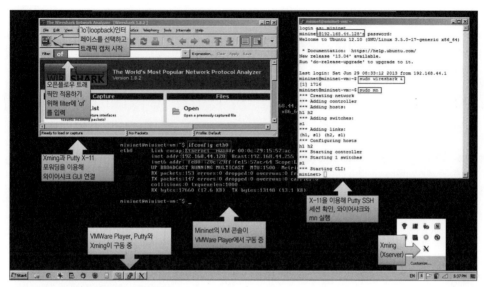

Mininet을 이용한 오픈플로우 실험 환경

- Mininet 에뮬레이터를 시작하기 전에, 와이어샤크에서 캡처 장치(lo나 loopback interface)를 선택하고 트래픽 캡처를 시작한다. 오픈플로우와 관련된 트래픽을 보여주려면 of(OpenFlow)를 필터 박스에 추가해야 한다. 이 필터는 와이어샤크가 오픈플로우와 관련된 트래픽만을 보여주도록 해준다. 아직은 Mininet을 시작하기 전이므로, 와이어샤크 메인 윈도우에 어떤 오픈플로우 패킷도 보이지 않는 상태다. 다음 절에서 Mininet을 이용해 샘플 실험을 수행한다.

 Mininet VM은 데스크탑 관리자를 포함하지 않는다. 그래픽 출력은 SSH를 통해 X 포워딩으로 전달되어야 한다. 다음의 FAQ에서 X11 포워딩을 활성화시키는 방법을 찾을 수 있다. X11을 설정하면, 후에 이용할 xterm 터미널 에뮬레이터를 포함한 다른 GUI 프로그램을 실행할 수 있다.

- https://github.com/mininet/mininet/wiki/FAQ#wiki-x11-forwarding

Mininet으로 실험하기

Mininet을 이용하면 오픈플로우 프로토타입을 빠르게 만들고, 변경하고, 실험하고, 공유할 수 있다. Mininet의 커맨드라인CLI을 이용하면 호스트와 스위치로 구성된 네트워크를 생성할 수 있고, 단 하나의 콘솔에서 전체 가상 네트워크를 관리하는 것이 가능하다. 또한 Mininet API를 이용하면 원하는 네트워크 애플리케이션을 단 몇 줄의 파이썬 스크립트로 작성할 수 있다. 원하는 프로토타입이 Mininet상에서 동작함을 확인했다면, 이를 실제 네트워크에 적용할 수 있다.

이 샘플 실험에서는 Mininet의 기본 토폴로지를 이용한다($ sudo mn 실행). 기본 토폴로지는 두 호스트가 연결된 하나의 오픈플로우 스위치와 오픈플로우 참조 컨트롤러를 포함한다. CLI에서 기본 토폴로지를 지정하고 싶을 때는 --topo=minimal을 덧붙이면 된다. Mininet은 이외에도 다른 토폴로지를 지원하는데, mn -h 명령 결과 중 --topo 섹션에서 이를 확인할 수 있다. 다음 명령어를 이용해 노드 정보(nodes), 링크 정보(net), 셋업에 포함된 모든 노드에 대한 덤프 정보(dump)를 확인할 수 있다.

```
Mininet> nodes
Mininet> net
Mininet> dump
```

Mininet 에뮬레이션 환경을 기본 토폴로지로 실행하면, 오픈플로우 컨트롤러와 스위치가 오픈플로우 프로토콜을 시작하는데, 와이어샤크를 이용하면, 이를 캡처하고 내용을 볼 수 있다. 다음 화면은 캡처된 트래픽을 보여주는 화면으로, Hello 메시지, 기능 요청/응답 메시지와 패킷-인 메시지들을 볼 수 있다. 이를 통해 구성한 오픈플로우 스위치가 오픈플로우 컨트롤러와 정상적으로 연결되었음을 확인할 수 있다.

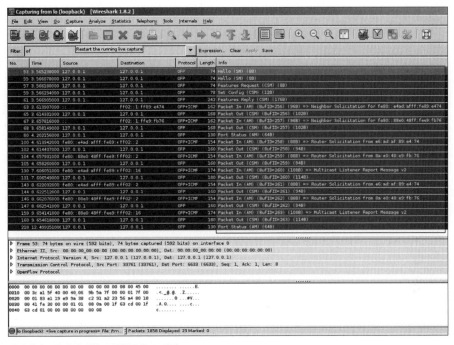

와이어샤크에서 캡처한 오픈플로우 트래픽

Mininet CLI(Mininet>)에 입력한 첫 번째 문자열이 호스트, 스위치, 또는 컨트롤러 이름인 경우, 이 명령어는 해당 노드에서 실행된다. 예를 들어, 다음 명령어로 첫 번째 호스트(h1)의 모든 인터페이스 목록을 볼 수 있다.

```
Mininet> h1 ifconfig -a
```

이제 간단한 ping 명령어로 각 호스트들 사이의 연결을 확인할 수 있다.

```
Mininet> h1 ping -c 1 h2
```

이 명령어는 h1에서 h2로 ping 패킷을 보낸다. 첫 번째 호스트(h1)는 두 번째 호스트(h2)의 MAC 주소를 알아내기 위해 ARP 패킷을 발생시키고, 이는 오픈플로우 컨트롤러로 가는 packet_in 메시지를 발생시킨다. 컨트롤러는 packet_out 메시지를 보내 해당 ARP 패킷을 스위치의 다른 포트들로 브로드캐스트 한다. 두 번째 호스트는 ARP 요청을 받고, 응답을 보낸다. 이 응답은 컨트롤러에게 가고, 컨트롤러는 이를 첫 번째 호스트로 보내고 오픈플로우 스위치 s1의 플로우 테이블에 새로운 플로우 항목을 생성한다.

Mininet에서 h1 ping −c 1 h2 명령어 수행 결과 캡처 화면

이제 첫 번째 호스트는 두 번째 호스트의 IP 주소를 알게 되었고, ICMP 에코 요청을 통해 핑ping을 보낼 수 있게 됐다. ICMP 에코 요청과 이에 대한 두 번째 호스트의 응답은 모두 컨트롤러에게 전달되고, 그 결과 새로운 플로우 항목이 스위치에 생성되고, 실제 패킷도 내보내진다. 현재 구성에서 ping 시간은 3.93ms이다. 동일한 ping 명령어를 한 번 더 반복해보자.

```
Mininet> h1 ping -c 1 h2
```

두 번째 ping 명령에 대한 ping 시간은 0.25ms로 줄어든 것을 확인할 수 있다. ICMP 핑 트래픽을 처리하는 플로우 항목이 이미 스위치에 생성되어 있기 때문에, 제어 트래픽이 추가로 생성되지 않고, 따라서 패킷이 즉시 스위치를 통과하게 된다. 이 테스트를 수행하는 좀 더 쉬운 방법은 Mininet의 CLI 내장 명령어인 pingall을 이용하는 것으로 모든 호스트들의 쌍에 대해서 ping 명령을 수행한다. 다른 유용한 테스트로는 자체적인 회귀regression 테스트가 있다. 다음 명령어는 최소의 토폴로지를 생성하고, 오픈플로우 참조 컨트롤러를 시작하고, pingall 테스트를 수행한 후 컨트롤러와 토폴로지를 모두 종료한다.

```
$ sudo mn --test pingpair
```

또 다른 유용한 테스트로는 iperf를 이용한 성능 측정 테스트가 있다.

```
$ sudo mn --test iperf
```

이 명령어가 완료되기까지는 몇 초의 시간이 걸린다. 이 명령어는 앞의 예와 동일한 Mininet 토폴로지(컨트롤러 하나, 스위치 하나와 두 개의 호스트)를 생성하고, 한 호스트에서 iperf 서버를 수행한 후 다른 호스트에서 iperf 클라이언트를 실행하여 두 호스트 사이의 TCP 대역폭 결과를 출력한다. Mininet의 파이썬 API를 이용하면 실험을 위한 맞춤형 토폴로지를 정의할 수 있다. 맞춤형 토폴로지 구성 예제를 ~/mininet/custom/topo-2sw-2host.py에서 확인할 수 있다. 이 예제는 각각 하나의 호스트가 연결된 두 스위치를 직접 연결한다.

```
"""" 맞춤형 토폴로지 예제
각각 하나의 호스트가 연결된 두 스위치가 직접 연결됨
   host --- switch --- switch --- host
  h1 <-> s3 <-> s4 <-> h2
'topos' 변수에 키/값 쌍을 추가해주면, 커맨드라인에 '--topo=mytopo'를 입력해 새로 정
의한 토폴로지를 생성할 수 있다.
   """
from mininet.topo import Topo
class MyTopo( Topo ):
    "Simple topology example."
    def __init__( self ):
        "Create custom topo."
        # 토폴로지 초기화
        Topo.__init__( self )
        # 호스트와 스위치 추가
        leftHost = self.addHost( 'h1' )
        rightHost = self.addHost( 'h2' )
        leftSwitch = self.addSwitch( 's3' )
        rightSwitch = self.addSwitch( 's4' )
        # 링크 추가
        self.addLink( leftHost, leftSwitch )
        self.addLink( leftSwitch, rightSwitch )
        self.addLink( rightSwitch, rightHost )
topos = { 'mytopo': ( lambda: MyTopo() ) }
```

이 파이썬 스크립트는 커맨드라인 파라미터로 Mininet에게 전달된다. 맞춤형 Mininet 파일을 이용하면, 새로운 토폴로지, 스위치 타입, 그리고 테스트를 커맨드라인에 추가할 수 있다. 예를 들어, 다음과 같이 Mininet을 실행하면 위의 예제 토폴로지상에서 pingall 테스트를 수행할 수 있다.

```
$ sudo mn --custom ~/mininet/custom/topo-2sw-2host.py --topo mytopo
--test pingall
```

더 복잡한 디버깅과 호스트, 스위치, 컨트롤러 콘솔에 접속하기 위해 Mininet을 -x 커맨드라인 파라미터와 함께 시작할 수 있다(즉, sudo mn -x). 이렇게 하면 직접 터미널을 통해 각 호스트, 스위치, 컨트롤러에 커맨드를 실행할 수 있어 유용하다. 예를 들어, switch:s1(root)라는 이름의 터미널에서 다음 명령을 실행할 수 있다.

```
# dpctl dump-flows tcp:127.0.0.1:6634
```

현재는 스위치 s1의 플로우 테이블이 비어있기 때문에 아무것도 출력되지 않는다. 이제 호스트 1(h1)의 터미널에서 다른 호스트(h2)로 ping 명령을 수행해보자(#ping 10.0.0.2). 스위치 s1의 터미널로 돌아가서 다시 플로우 테이블의 내용을 확인해보면, 여러 개의 플로우 항목을 볼 수 있을 것이다. 또한, Mininet에 내장된 dpctl 명령어를 이용할 수 있다.

여기까지는 Mininet에 대한 간단한 소개였다. 3장에서는 Mininet을 오픈플로우 컨트롤러를 위한 실험과 네트워크 애플리케이션 개발의 일부로 이용할 것이다. Mininet에 대한 더 자세한 정보는 www.mininet.org에서 찾을 수 있다.

요약

오픈플로우 스위치의 참조 구현은 사용자 공간에서 플로우 테이블을 구현한 ofdatapath, 참조 스위치의 보안 채널을 구현한 ofprotocol, 스위치 설정 툴인 dpctl을 포함한다. 오픈플로우 프로토콜에는 세 개의 주요 메시지 타입(컨트롤러와 스위치, 비동기, 대칭 메시지)이 있다. 하드웨어 오픈플로우 스위치와 더불어, 오픈플로우를 소프트 스위치의 형태로 구현한 소프트웨어 스위치가 있다.

오픈플로우 컨트롤러

3장에서는 오픈플로우 컨트롤러의 역할, 스위치와의 인터페이스, 네트워크 애플리케이션Net Apps을 위한 API를 다룬다. 더불어 아래의 내용을 다룬다.

- 오픈플로우SDN 컨트롤러의 전반적인 기능
- 현재의 오픈플로우 컨트롤러(NOX/POX, NodeFlow, Floodlight, OpenDaylight)
- 컨트롤러 상위에 위치하는 특별한 컨트롤러나 애플리케이션(FlowVisor와 RouteFlow)

SDN 컨트롤러

다음 그림에서와 같이 소프트웨어 정의 네트워킹SDN, Software Defined Networking의 제어 평면과 데이터 평면이 분리된 구조는(특히 오픈플로우에서) 운영체제와 컴퓨터 하드웨어의 관계에 비교될 수 있다. 오픈플로우 컨트롤러(운영체제와 유사한)는 오픈플로우 스위치(컴퓨터 하드웨어와 유사한)에게 프로그래밍 인터페이스를 제공한다. 이 프로그래밍 인터페이스를 이용해 제어와 관리 업무를 수행하고 새로운 기능을 제공하는 네트워크 애플리케이션을 작성할 수 있다. SDN과 오픈플로우의 제어 평면은 논리적으로 집중되어 있고, 네트워크 애플리케이션은 네트워크가 마치 단일 시스템인 것처럼 작성된다.

반응형reactive 제어 모델에서, 오픈플로우 스위치는 새로운 패킷 플로우가 오픈플로우 스위치에 도착(Packet_in 이벤트)과 같은 결정이 필요한 상황이 발생하면, 이를 오픈플로우 컨트롤러에게 문의한다. 플로우 기반 제어의 경우, 각 플로우의 첫번째 패킷이 결정(예를 들어, 포워드 또는 폐기)을 위해 컨트롤러에게 전달되어야 하기 때문에 해당 플로우에 속한 나머지 트래픽들은 스위칭 하드웨어 내에서 라인 속도로 전달되지만 약간의 성능 지연이 발생한다. 많은 경우에 첫 패킷의 지연은 무시할 수 있는 수준이지만, 중앙의 오픈플로우 컨트롤러가 지리적으로 멀리 떨어져있거나, 대부분의 플로우가 일시적short-lived(예를 들어, 단일 패킷 플로우)인 경우에는 문제가 된다. 대안으로 사전적proactive 접근방법에서 오픈플로우는 정책 룰을 컨트롤러가 스위치에게 밀어넣는 것이 가능하다.

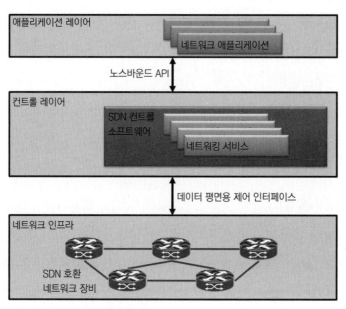

SDN 접근 방법에서 컨트롤러의 역할

이러한 접근방법은 제어, 관리, 정책 적용 업무를 단순하게 하는 반면, 컨트롤러와 오픈플로우 스위치 사이의 결합을 유기적으로 관리해야 한다. 집중화된 제어에서 첫 번째 중요한 고려사항은 시스템의 확장성이고, 두 번째는 컨트롤러의 배치다. 100,000개의 호스트와 최대 256개의 스위치로 구성된 에뮬레이션된 네트워크상에서, 몇 가지 오픈플로우 컨트롤러(NOX-MT, 마에스트로Maestro, 비콘Beacon)에 관한 최근 연구에서 오픈플로우 컨트롤러는 각 실험 시나리오에서 최소 매초 50,000개의 새로운 플로우를 처리할 수 있음을 보여주었다. 더욱이 새로운 오픈플로우 컨트롤러들이, 예를 들어 고성능의 멀티코어 서버를 목표로 하고 대형 데이터 센터를 위해 확장성을 갖도록 설계된 Mc-Nettle(http://haskell.cs.yale.edu/nettle/mcnettle/, 초당 20,000,000개의 플로우 요청과 5,000개의 스위치 지원)이 현재 개발 중이다. 전통적인 패킷 스위칭 네트워크에서 각 패킷은 네트워크 스위치가 개별적인 라우팅 결정을 내리는 데 필요한 정보를 담고 있다. 그러나 대부분의 애플리케이션은 대부분 독립적인 패킷 흐름으로 데이터를 보낸다. 오픈플로우의 제어 단위는 패킷 단위가 아닌 플로우 단위다. 개별 플로우를 제어할 때, 플로우의 첫 번째 패킷을 위한 결정이 데이터 평면(오픈플로우 스위치) 내에서 해당 플로우의 나머지 모든 패킷에게도 적용 가능하다. 이와 관련된 오버헤드는, 두 호스트 사이의 모든 트래픽처럼, 플로우 그룹을 만들고 플로우 집합의 제어 결정을 수행함으로써 줄일 수 있다.

오픈플로우(SDN) 구축 시에 전송지연을 줄이거나 확장성과 장애 허용성fault tolerance을 높이기 위해 다수의 컨트롤러를 이용할 수 있다. 오픈플로우는 하나의 스위치가 다수의 컨트롤러와 연결을 지원해 고장 발생 시에 백업 컨트롤러가 동작을 이어받을 수 있다. Onix와 HyperFlow는 물리적으로는 분산되었으나, 논리적으로 집중된 제어 평면을 시도하여 이러한 아이디어를 한 단계 끌어올렸다. 이러한 방식은 로컬 컨트롤러와 통신을 통해 탐색에 필요한 오버헤드를 줄이는 반면에, 애플리케이션이 네트워크에 대해 단순하면서 집중된 뷰view로 작성될 수 있게 한다. 이 접근 방법을 실현함에 있어서 가장 큰 어려움은 전체 분산 시스템들 사이에 일관성 있는 상태를 유지하는 것이다. 네트워크 애플리케이션은 네트워크에 대해 정확한 뷰를 갖고 있다는 가정 하에 동작하기 때문에, 전체 네트워크 상태와 일치하지 않을 경우 정상적으로 동작하지 않는다.

운영체제와 비교하면 오픈플로우 컨트롤러는 네트워크 운영체제로 동작하고 두 가지 인터페이스를 구현해야 한다. 첫 번째는 오픈플로우 스위치가 컨트롤러와 통신할 수 있게 하는 사우스바운드southbound 인터페이스이고, 두 번째는 네트워크 제어와 관리 애플리케이션(즉, 네트워크 애플리케이션)에게 프로그래밍 가능한 API를 제공하는 노스바운드northbound 인터페이스이다. 기존의 사우스바운드 인터페이스로는 초기 SDN 사우스바운드 인터페이스 중 하나인 오픈플로우 프로토콜(2장, '오픈플로우 스위치 구현' 참고)이 있다. 외부 제어와 관리 시스템/소프트웨어나 네트워크 서비스는 서브 네트워크의 정보를 얻거나 정책을 적용하거나, 네트워크 행동의 일부를 제어하고 싶어한다. 게다가, 메인 오픈플로우 컨트롤러는 정책 정보를 백업 컨트롤러와 공유하거나 여러 제어 도메인에 걸친 다른 컨트롤러와 통신할 필요가 있다. 사우스바운드 인터페이스(예를 들어, 오픈플로우나 ForCES, http://datatracker.ietf.org/wg/forces/charter/)는 잘 정의되어 사실상의 표준으로 여겨지고 있는 반면에, 노스바운드에 걸친 상호작용에 있어서는 널리 인정되는 표준이 없고, 특정 애플리케이션의 유즈케이스use-case에 따라 구현되는 경향이 강하다.

기존 구현

현재, 몇 가지 오픈플로우(그리고 SDN) 컨트롤러가 이용 가능하다. 이에 대해서는 8장, '오픈 소스 프로젝트'에서 현존하는 오픈 소스 프로젝트의 일부로 더 상세히 소개한다. 3장에서는 오픈플로우 컨트롤러와 네트워크 애플리케이션 개발을 위한 프로그래밍 언어를 선택함에 있어 다른 가능성이 있음을 보이기 위해 NOX, POX, 노드플로우NodeFlow, 플러드라이트Floodlight(비콘에서 파생된), OpenDaylight에 대해서만 다룬다.

NOX와 POX

NOX(www.noxrepo.org)는 첫 번째 오픈플로우 컨트롤러로 C++로 작성되었고, 파이썬용 API를 제공한다. 이것은 오픈플로우와 SDN의 초기 많은 연구 개발 프로젝트의 기초가 되었다. NOX는 두 개의 분리된 개발 라인을 가진다.

- NOX-Classic

- NOX(새로운 NOX로 알려진)

NOX-Classic은 잘 알려진 개발 라인으로 파이썬과 C++에 대한 지원을 포함하고 한 묶음의 네트워크 애플리케이션을 제공한다. 하지만, 이 개발 라인은 더 이상 사용되지 않고, NOX-Classic에 대한 추후 개발 계획도 없다. 새로운 NOX는 C++만 지원한다. NOX-Classic에 비해 적은 수의 네트워크 애플리케이션을 제공하지만, 더 빠르고 코드베이스가 매우 깔끔하다. POX는 파이썬 기반의 NOX이다. 이것은 파이썬으로 작성된 범용 오픈 소스 오픈플로우 컨트롤러로, 네트워크 애플리케이션의 빠른 개발과 프로토타이핑을 위한 플랫폼이다. POX의 주요 목적은 상용화가 아닌 연구 개발이다. 대다수 연구 프로젝트는 기본적으로 장기간 사용되지 않는 특성이 있기 때문에, POX 개발자의 주요 관심사는 안정적인 API를 유지하는 것보다 정확한 인터페이스를 제공하는 것이다. NOX와 POX는 깃허브GitHub의 Git 소스 코드 저장소에서 관리된다. NOX와 POX를 받는 좋은 방법은 Git 저장소를 복사하는 것이다. POX 브랜치는 액티브active와 배포released의 두 가지 분류가 있다. 액티브 브랜치는 현재 활발히 개발되고 있는 브랜치이고, 배포 브랜치는 어느 시점에 새 버전으로 선택된 브랜치다. 가장 최근에 배포된 브랜치에 대해서는 버그 수정의 형태로만 계속 작업이 이뤄지고 있고, 새로운 기능은 항상 액티브 브랜치에서 이뤄진다. 최신 버전의 NOX와 POX는 다음 명령어로 얻을 수 있다.

```
$ git clone http://noxrepo.org/git/nox
$ git clone http://www.github.com/noxrepo/pox
```

2장, '오픈플로우 스위치 구현'에서 Mininet 에뮬레이션 환경을 이용해 오픈플로우 실험환경을 구성하였다. 이번 절에서는 단순한 이더넷 허브로 동작하는 네트워크 애플리케이션을 이용해보자. 숙제로 이를 MAC 학습learning 이더넷 L2 스위치로 바꿔보자. 이 애플리케이션에서 스위치는 각 패킷을 조사하고 발신지와 포트간 매핑을 학습한다. 따라서, 발신지 MAC 주소는 포트와 연관된다. 패킷의 목적지가 이미 어떤 포트와 연관돼 있다면, 패킷은 주어진 포트로 전송될 것이고, 그렇지 않다면 스위치의 모든 포트로 플러딩flood될 것이다. 먼저 오픈플로우 VM을 시작한다. 그리고 POX를 VM에 다운로드한다.

```
$ git clone http://github.com/noxrepo/pox
$ cd pox
```

POX 애플리케이션 실행하기

POX 컨트롤러를 받은 후에 기본적인 허브 예제를 아래와 같이 실행할 수 있다.

```
$./pox.py log.level --DEBUG misc.of_tutorial
```

이 명령어는 POX에게 상세 로그를 활성화시키고 of_tutorial 컴포넌트를 시작하라고 요청한다. 이 of_tutorial 컴포넌트는 이더넷 허브로 동작한다. 이제 다음 명령어를 이용해 Mininet 오픈플로우 실험환경을 시작한다.

```
$ sudo mn --topo single,3 --mac --switch ovsk --controller remote
```

스위치가 연결되기까지 약간의 시간이 걸릴 수 있다. 오픈플로우 스위치가 컨트롤러와 연결이 끊어지면, 재접속을 시도하는 시간 간격을 최대 15초까지 늘리면서 계속 재시도한다. 이 타이머는 구현에 따라 다를 수 있으며, 사용자에 의해 정의 가능하다. 오픈플로우 스위치가 컨트롤러와 아직 연결되지 않은 상태이므로 0초에서 15초 사이의 시간이 지난 후에 접속이 완료될 것이다. 이 시간이 너무 길다면, N초까지만 기다리도록 --max-backoff 파라미터를 이용해 스위치의 설정을 바꿀 수 있다. 애플리케이션이 오픈플로우 스위치가 연결되었다고 표시할 때까지 기다리자. 스위치가 연결되면 POX는 아래와 같은 내용을 출력한다.

```
INFO:openflow.of_01:[Con 1/1] Connected to 00-00-00-00-00-01
DEBUG:samples.of_tutorial:Controlling [Con 1/1]
```

첫 번째 라인은 POX 내에서 오픈플로우 연결을 처리하는 부분에서 출력하는 내용이다. 두 번째 라인은 tutorial 컴포넌트 자체가 출력하는 내용이다.

이제 호스트 간에 서로 핑이 되고, 모든 호스트가 마치 진짜 허브에 물린 것과 같이 정확하게 동일한 트래픽을 보는지 확인해보자. 이를 위해서 각 호스트를 위한 xterm을 생성하고, 각 xterm에서 트래픽을 확인한다. Mininet 콘솔에서 3개의 xterm을 시작한다.

```
mininet> xterm h1 h2 h3
```

xterm들의 모든 스크린을 한 눈에 볼 수 있도록 재배치한다. 비좁은 노트북은 화면에 맞게 높이를 조절해야 할 수도 있다. h2와 h3의 xterm에서 호스트가 보는 패킷을 출력해주는 유틸리티인 tcpdump를 각각의 터미널에서 다음과 같이 수행한다.

```
# tcpdump -XX -n -i h2-eth0
# tcpdump -XX -n -i h3-eth0
```

h1의 xterm에 ping 명령어를 입력한다.

```
# ping -c1 10.0.0.2
```

ping 패킷은 컨트롤러에게 올라가고, 트래픽이 들어온 인터페이스를 제외한 모든 인터페이스로 플러드된다. tcpdump를 실행 중인 두 xterm 모두에서 ping에 대응되는 동일한 ARP와 ICMP 패킷을 보게 될 것이다. 이것은 허브가 어떻게 동작하는지를 보여주는 것으로, 모든 패킷을 네트워크의 모든 포트로 내보낸다. 이제 실제 존재하지 않는 호스트로 ping을 요청했을 때 어떤 일이 발생하는지 살펴보자. h1의 xterm에서 아래의 명령어를 입력한다.

```
# ping -c1 10.0.0.5
```

tcpdump xterm에서 세 개의 응답되지 않는 ARP 요청들을 볼 수 있다. 컨트롤러의 동작이 완료될 때까지 응답되지 않은 세 개의 ARP 요청은 뜻하지 않게 패킷을 폐기하고 있다는 신호다.

허브의 동작을 학습 스위치로 바꾸기 위해서는 of_tutorial.py에 학습 스위치 기능을 추가해야 한다. SSH 터미널에서 `tutorial` 허브 컨트롤러를 Ctrl + C를 눌러 중지시킨다. 수정할 파일은 pox/misc/of_tutorial.py이다. pox/misc/of_tutorial.py 파일을 자주 이용하는 에디터로 수정한다. 현재 코드는 스위치 동작을 구현하기 위해 `packet_in` 메시지 처리부에서 `act_like_hub()`를 호출한다. 이를 수정하여 최종 학습 스위치 코드의 모습에 대한 밑그림을 담고있는 `act_like_switch()` 함수를 이용하길 원할 것이다. 이 파일을 수정하고 저장할 때마다 POX를 반드시 재시작하고, 스위치와 컨트롤러의 동작을 검증하기 위해 핑을 사용한다.

1. 허브

2. 컨트롤러 기반 이더넷 학습 스위치

3. 플로우 가속화된 학습 스위치

2와 3의 경우에는 핑의 목적지가 아닌 호스트는 초기의 브로드캐스트 ARP 요청 이후에 어떤 tcpdump 트래픽도 보여서는 안 된다. 파이썬은 동적인 인터프리터 언어다. 분리된 컴파일 단계 없이 코드를 업데이트하고 재시작 하면 된다. 파이썬은 사전dictionary이라 불리는 내장 해시 테이블과 리스트list라 불리는 벡터를 제공한다. 학습 스위치를 구현하려면 아래와 같은 몇 가지 공통 동작이 필요하다.

- 사전 초기화

```
mactable = {}
```

- 사전에 요소element 추가

```
mactable[0x123] = 2
```

- 사전에 요소가 존재하는지 확인

```
if 0x123 in mactable:
    print 'element 2 is in mactable'
if 0x123 not in mactable:
    print 'element 2 is not in mactable'
```

- POX에서 디버그 메시지 출력

```
log.debug('saw new MAC!')
```

- POX에서 에러 메시지 출력

```
log.error('unexpected packet causing system meltdown!')
```

- 객체의 모든 멤버 변수와 함수 출력

```
print dir(object)
```

- 코드 한 줄을 주석처리

```
# Prepend comments with a #; no // or /**/
```

 아래 URL에서 파이썬에 관련된 자료를 더 확인할 수 있다.

- 파이썬 내장 함수 목록
  http://docs.python.org/2/library/functions.html
- 공식적인 파이썬 튜토리얼
  http://docs.python.org/2/tutorial/

앞에서 언급된 함수들과 더불어 학습 스위치의 개발에 도움이 되는 POX API
에 대한 세부사항을 알 필요가 있다. 또한 POX 개발과 관련된 다른 자료들을
POX 웹사이트에서 확인할 수 있다.

POX로 오픈플로우 메시지 전송하는 방법은 다음과 같다.

```
connection.send( ... )  # 스위치로 오픈플로우 메시지를 전송
```

스위치와 연결되면 `ConnectionUp` 이벤트가 발생한다. 아래 예제 코드는 연관된 Connection 객체에 대한 참조를 갖는 새로운 Tutorial 객체를 생성한다. 이 객체는 나중에 스위치에 명령(오픈플로우 메시지)을 전송하기 위해 사용할 수 있다.

```
ofp_action_output class
```

이 액션은 `ofp_packet_out`과 `ofp_flow_mod`와 함께 사용하고, 패킷을 내보내고자 하는 스위치 포트를 지정할 수 있다. 이때 다양한 특별special 포트 번호를 지정할 수도 있다. 예를 들어 `OFPP_FLOOD`를 지정하면 해당 패킷이 도착한 포트를 제외한 모든 포트로 내보낼 수 있다. 다음 예제는 패킷을 모든 포트로 내보내는 출력output 액션을 생성한다.

```
out_action = of.ofp_action_output(port = of.OFPP_FLOOD)
ofp_match class
```

이 클래스의 객체는 일치여부를 판단할 패킷의 헤더 필드와 입력 포트를 정의한다. 모든 필드는 선택 사항이고, 지정되지 않은 아이템은 와일드카드로 간주하여 모두 일치하는 것으로 판단한다. `ofp_match` 객체에서 눈여겨 볼 필드는 아래와 같다.

- `dl_src`: 데이터 링크 계층(MAC) 발신지 주소
- `dl_dst`: 데이터 링크 계층(MAC) 목적지 주소
- `in_port`: 패킷의 스위치 입력 포트

예제: 포트 3으로 도착한 패킷과 일치하는 매치(match) 객체를 생성

```
match = of.ofp_match()
match.in_port = 3
ofp_packet_out OpenFlow message
```

ofp_packet_out 메시지는 스위치에게 패킷을 전송하라고 지시한다. 해당 패킷은 컨트롤러가 생성할 수도 있고, 스위치가 수신 받고, 버퍼에 저장한 후 컨트롤러에게 전달한 것(buffer_id로 참조되는)일 수도 있다. 눈여겨 볼 필드는 아래와 같다.

- buffer_id: 전송하길 원하는 버퍼의 buffer_id다. 이미 준비된 패킷을 발신할 때에는 buffer_id 값을 설정하지 않는다.
- data: 스위치가 전송하길 원하는 로우raw 바이트 수. 버퍼에 저장된 패킷을 전송할 때에는 지정하지 않는다.
- actions: 적용할 일련의 액션들의 리스트(이 튜토리얼뿐 아니라 ofp_action_output을 지정)
- in_port: buffer_id로 보낼 때는 해당 패킷이 초기에 도착한 포트 번호이고, 그렇지 않으면 OFPP_NONE이다.

예제: of_tutorial의 send_packet() 메소드

```
def send_packet (self, buffer_id, raw_data, out_port, in_port):
    """
    패킷을 지정된 스위치 포트로 내보낸다.
    buffer_id가 스위치 내의 유효한 버퍼를 가리키면 해당 버퍼를 이용하고,
    그렇지 않으면 raw_data에 지정된 raw 데이터를 전송한다.

    "in_port"는 패킷이 도착한 포트 번호다.
    해당 패킷을 생성했다면 OFPP_NONE을 지정한다.
    """
    msg = of.ofp_packet_out()
    msg.in_port = in_port
    if buffer_id != -1 and buffer_id is not None:
        # 버퍼 ID가 지정되었으므로 이를 이용한다.
        msg.buffer_id = buffer_id
    else:
        # 버퍼 ID는 지정되지 않았고, raw 데이터를 받는다.
        if raw_data is None:
```

```
        # raw_data가 지정되지 않았으므로, 아무것도 보내지 않는다.
        return
    msg.data = raw_data

    action = of.ofp_action_output(port = out_port)
    msg.actions.append(action)

    # 스위치로 메시지를 전송한다.
    self.connection.send(msg)
ofp_flow_mod OpenFlow message
```

이것은 스위치에게 새로운 플로우 테이블 항목을 설치하도록 지시한다. 플로우 테이블 항목과 입력되는 패킷의 필드가 일치하면 일치된 패킷에 대해 일련의 액션을 수행한다. 이 액션들은 앞에서 언급된 ofp_packet_out의 액션들과 동일하다(이 튜토리얼에서는 ofp_action_output 액션만 사용). 매치는 ofp_match 객체로 정의한다. 눈여겨 볼 필드는 아래와 같다.

- idle_timeout: 플로우 항목이 제거되기 전까지 유휴 시간이다. 기본값으로는 타임아웃이 발생하지 않는다.

- hard_timeout: 플로우 항목이 제거되기 전까지 시간이다. 기본값으로는 타임아웃이 발생하지 않는다.

- actions: 일치하는 패킷에 대해 수행할 액션의 목록(예, ofp_action_output)이다.

- priority: 정밀하지 않은(non-exact, wildcared) 매치를 수행할 때, 중복되는 매치 사이의 우선순위를 지정한다. 값이 높을수록 우선순위가 높다. 정밀한exact 매치나 중복되는 항목들이 존재하지 않는 경우에는 중요하지 않다.

- buffer_id: 즉시 액션을 적용할 버퍼의 buffer_id 필드다. 없으면 지정하지 않는다.

- in_port: buffer_id를 이용할 때, 연관된 입력의 번호다.

- match: ofp_match 객체로, 기본값으로 두면 모든 패킷에 일치되기 때문에 일부 필드를 설정해야 한다.

예제: 포트 3에서 입력된 패킷을 포트 4로 내보내는 flow_mod를 생성

```
fm = of.ofp_flow_mod()
fm.match.in_port = 3
fm.actions.append(of.ofp_action_output(port = 4))
```

 오픈플로우 상수에 대한 더 많은 정보는 ~/openflow/include/openflow/openflow.h에 정의된 OpenFlow types/enums/structs를 통해 확인할 수 있다. 추가로 pox/openflow/libopenflow_01.py에 정의된 POX의 오픈플로우 라이브러리와 오픈플로우 1.0 규격을 살펴보면 도움이 된다.

POX 패킷 라이브러리는 패킷을 분석하고 각 프로토콜 필드를 파이썬에서 이용할 수 있게 한다. 이 라이브러리는 전송할 패킷을 생성하는 데 이용될 수 있다. 패킷 분석 라이브러리는 pox/lib/packet/에서 확인할 수 있다.

각 프로토콜은 그에 대응하는 패킷 분석 파일이 있다. 첫 번째 예제로, 이더넷 발신지와 목적지 필드에 접근해보자. 패킷의 발신지 정보를 얻기 위해 점 표시법을 이용한다.

```
packet.src
```

이더넷 src와 dst 필드는 pox.lib.addresses.EthAddr 객체에 저장된다. 이 필드 정보는 일반적인 문자열 표현으로 쉽게 변환하거나(str(addr)는 "01:ea:be:02:05:01"와 같은 문자열을 반환) 일반적인 문자열 표현으로부터 생성 가능하다(EthAddr("01:ea:be:02:05:01")). 분석된 패킷 객체의 모든 멤버를 확인하고 싶을 때는 아래 구문을 실행한다.

```
print dir(packet)
```

다음은 ARP 패킷의 출력 결과다.

```
['HW_TYPE_ETHERNET', 'MIN_LEN', 'PROTO_TYPE_IP', 'REPLY', 'REQUEST',
'REV_REPLY',
'REV_REQUEST', '__class__', '__delattr__', '__dict__', '__doc__',
'__format__',
'__getattribute__', '__hash__', '__init__', '__len__', '__module__',
'__new__',
'__nonzero__', '__reduce__', '__reduce_ex__', '__repr__', '__
setattr__',
'__sizeof__', '__str__', '__subclasshook__', '__weakref__', '_init',
'err',
'find', 'hdr', 'hwdst', 'hwlen', 'hwsrc', 'hwtype', 'msg', 'next',
'opcode',
'pack', 'parse', 'parsed', 'payload', 'pre_hdr', 'prev', 'protodst',
'protolen',
'protosrc', 'prototype', 'raw', 'set_payload', 'unpack', 'warn']
```

많은 필드는 모든 파이썬 객체에 공통이기 때문에 무시해도 괜찮지만, 함수의
문서를 살펴보는 수고를 덜 수 있는 좋은 방법이다.

NodeFlow

NodeFlow(http://garyberger.net/?p=537, 시스코의 테크니컬 리더인 Gary Berger가 개발)
는 Node.js(www.nodejs.org)를 위한 자바스크립트로 작성된 최소한의 오픈플로
우 컨트롤러이다. Node.js는 확장성 있는 인터넷 응용(예를 들어, HTTP 서버)을 만
들기 위해 설계된 서버 사이드의 소프트웨어 시스템이다. 구글의 V8 자바스크
립트 엔진, libuv 플랫폼 추상화 계층, 자바스크립트로 작성된 코어 라이브러
리를 묶어서 컴파일한 것이다. Node.js는 이벤트-드리븐event-driven, 논-블록킹
non-blocking I/O 모델을 사용해 가볍고 효율적이며, 분산된 장치 사이에 실행되
는 데이터 집약적인 실시간 애플리케이션에 적합하다. 프로그램은 서버 측에
서 자바스크립트로 작성되며, 오버헤드를 최소화하고 확장성을 최대화하기 위

해 이벤트-드리븐 비동기 I/O를 사용한다. 따라서 대부분의 자바스크립트 프로그램과는 다르게, 이 프로그램은 웹 브라우저에서 실행되지 않는다. 대신에 서버 사이드 자바스크립트 응용으로 수행된다. NodeFlow는 사실 매우 단순한 프로그램이고, 졸탄 러요시 키시_{Zoltan LaJos Kis}가 만든 OFLIB-NODE라는 프로토콜 인터프리터에 크게 의존한다. NodeFlow는 실험적인 시스템으로 깃허브(git://github.com/gaberger/NodeFLow)에서 OFLIB-NODE 라이브러리(git://github.com/gaberger/oflib-node)와 함께 받을 수 있다. NodeFlow의 가장 큰 장점은 오픈플로우 컨트롤러를 단 500줄의 코드로 이해하고 실행할 수 있는 단순함이다. 자바스크립트와 고성능의 구글 V8 자바스크립트 엔진을 활용하여 네트워크 설계자가 다양한 SDN 기능을 이벤트-드리븐 프로그램으로 개발하기 위해 필요한 복잡한 코드를 다룰 필요 없이 실험해볼 수 있도록 도와준다.

NodeFlow 서버(즉, 오픈플로우 컨트롤러)는 net.createServer를 간단히 호출하면서 시작된다. 아래의 시작 스크립트로 서버의 주소와 포트를 설정할 수 있다.

```
NodeFlowServer.prototype.start = function(address, port) {
var self = this
var socket = []
var server = net.createServer()
server.listen(port, address, function(err, result) {
util.log("NodeFlow listening on:" + address + '@' + port)
self.emit('started', { "Config": server.address() })
})
```

다음 단계는 컨트롤러가 서로 다른 스위치 연결을 관리할 수 있도록 유일한 세션 ID를 생성하는 것이다. 이벤트 리스너_{event listener}는 소켓을 유지한다. 메인 이벤트 처리 루프는 데이터가 소켓 채널을 통해 수신될 때마다 호출된다. 스트림_{stream} 라이브러리는 데이터를 버퍼에 담고, msgs 객체 내의 디코딩된 오픈플로우 메시지를 반환하는 역할을 제공한다. 추가적인 처리를 위해 msgs 객체는 _ProcessMessage 함수로 전달된다.

```
server.on('connection',
    function(socket) {
        socket.setNoDelay(noDelay = true)
        var sessionID = socket.remoteAddress + ":" + socket.remotePort
        sessions[sessionID] = new sessionKeeper(socket)
        util.log("Connection from : " + sessionID)

        socket.on('data', function(data) {
        var msgs = switchStream.process(data);
        msgs.forEach(function(msg) {
        if (msg.hasOwnProperty('message')) {
            self._processMessage(msg, sessionID)
        } else {
            util.log('Error: Cannot parse the message.')
            console.dir(data)
        }
    })
```

마지막 부분은 이벤트 핸들러다. Node.js의 EventEmitters는 콜백을 유발시키기 위해 이용된다. 이 이벤트 핸들러는 특정 이벤트가 발생하기를 기다렸다가 필요한 처리기능을 실행시킨다. NodeFlow는 오픈플로우 PACKET_IN 이벤트를 수신하는 메인 이벤트인 OFPT_PACKET_IN과 오픈플로우 메시지를 부호화 encode하고 전송하는 SENDPACKET의 두 가지 특별한 이벤트를 처리한다.

```
self.on('OFPT_PACKET_IN',
    function(obj) {
    var packet = decode.decodeethernet(obj.message.body.data, 0)
    nfutils.do_l2_learning(obj, packet)
    self._forward_l2_packet(obj, packet)
    })
    self.on('SENDPACKET',
    function(obj) {
    nfutils.sendPacket(obj.type, obj.packet.outmessage,
    obj.packet.sessionID)
    })
```

NodeFlow 기반의 간단한 네트워크 애플리케이션으로 학습 스위치(아래의 do_
l2_learning 함수)를 살펴보자. 학습 스위치는 단순히 발신지 MAC 주소를 탐색
하고, 해당 주소가 학습 테이블에 없으면 대응되는 발신지 포트와 함께 포워딩
테이블에 삽입된다.

```javascript
do_l2_learning: function(obj, packet) {
  self = this
  var dl_src = packet.shost
  var dl_dst = packet.dhost
  var in_port = obj.message.body.in_port
  var dpid = obj.dpid
  if (dl_src == 'ff:ff:ff:ff:ff:ff') {
  return
  }
if (!l2table.hasOwnProperty(dpid)) {
l2table[dpid] = new Object() //create object
  }
if (l2table[dpid].hasOwnProperty(dl_src)) {
  var dst = l2table[dpid][dl_src]
    if (dst != in_port) {
       util.log("MAC has moved from " + dst + " to " + in_port)
    } else {
         return
    }
} else {
     util.log("learned mac " + dl_src + " port : " + in_port)
     l2table[dpid][dl_src] = in_port
}
  if (debug) {
     console.dir(l2table)
  }
}
```

완전한 NodeFlow 서버인 server.js를 NodeFlow Git 저장소에서 다운로드할 수 있다. NodeFlow 컨트롤러를 실행하려면 Node.js를 실행하고 NodeFlow 서버(즉, server.js)를 Node.js 바이너리(예를 들어, 윈도우에서 node.exe)로 전달한다.

```
C:\ program Files\nodejs>node server.js
```

플러드라이트

플러드라이트Floodlight는 자바로 작성된 오픈플로우 컨트롤러로, 비콘Beacon에 기반하고 있고, 물리적인 오픈플로우 스위치와 가상 오픈플로우 스위치를 모두 지원한다. 비콘은 다양한 플랫폼에서 동작하는 모듈화된 오픈플로우 컨트롤러로 자바로 구현되어 있다. 비콘은 이벤트 기반 동작과 스레드 기반 동작을 지원한다. 비콘은 스탠포드 대학의 데이비드 에릭슨David Erickson이 자바 기반 크로스 플랫폼 오픈플로우 컨트롤러로 만들었다. GPL v2 라이선스를 따르기 전에 플러드라이트는 비콘으로부터 파생되었고 아파치 라이선스를 따른다. 플러드라이트는 OSGI 프레임워크 없이 다시 설계됐다. 따라서, OSGI에 대한 경험이 없어도 컴파일하고, 실행하고 수정할 수 있다. 게다가, 플러드라이트 커뮤니티는 현재 다수의 빅 스위치 네트웍스Big Switch Networks의 개발자가 포함되어 활발히 테스트하고, 버그를 수정하고 추가적인 툴, 플러그인, 기능을 개발하고 있다. 플러드라이트 컨트롤러는 다양한 네트워크 애플리케이션을 위한 플랫폼을 지향한다. 네트워크 애플리케이션은 실제 네트워킹 문제에 대한 솔루션을 제공하기 때문에 매우 중요하다. 플러드라이트는 아래의 네트워크 애플리케이션을 제공한다.

- 버추얼 네트워킹 필터Virtual Networking Filter는 네트워크로 입력되는 패킷 중 기존 플로우와 일치하지 않는 패킷을 지정한다. 이 애플리케이션은 발신지와 목적지가 동일한 가상 네트워크에 속하는지 확인하고, 그럴 경우 컨트롤러에게 플로우 생성을 계속하라는 신호를 보낸다. 이 필터는

사실 단순한 2계층 (MAC) 기반의 네트워크 가상화를 제공하는데, 사용자가 하나의 2계층 도메인 안에서 복수의 논리적인 2계층 네트워크를 생성할 수 있도록 지원한다.

- 스태틱 플로우 푸셔Static Flow Pusher는 플로우의 첫 패킷이 네트워크에 들어오기 앞서 플로우를 생성하는 데 이용한다. 플러드라이트의 REST API로 제공돼 사용자가 직접 오픈플로우 네트워크에 플로우를 생성할 수 있도록 도와준다.

- 서킷 푸셔Circuit Pusher는 플로우를 생성하고 패킷의 목적지까지 이르는 경로에 존재하는 모든 스위치를 구성한다. 발신지와 목적지 사이의 양방향 경로는 두 장치를 연결하는 경로상의 모든 스위치에 영구permanent 플로우 항목으로 제공된다.

- 파이어월Firewall 모듈은 SDN 장치에 물리 네트워크상의 기존 방화벽과 같은 보호protection를 제공한다. ACLAccess Control List 정책은 특정 목적지로 가는 패킷에 대한 플로우 설정을 제어한다. 방화벽 애플리케이션은 네트워크의 오픈플로우 기반 스위치에 ACL 정책을 적용하는 플러드라이트 모듈로 구현되었다. 패킷 모니터링은 `packet-in` 메시지를 이용해 수행된다.

- 플러드라이트는 뉴트론Neutron을 이용해 오픈스택의 네트워크 플러그인으로 실행될 수 있다. 뉴트론 플러그인은 플러드라이트를 이용해 구현된 REST API를 통해 NaaSNetworking-as-a-Service 모델을 제공한다. 이 솔루션은 뉴트론 API를 구현한 플러드라이트의 VirtualNetworkFilter 모듈과 플러드라이트를 뉴트론과 연결시켜주는 Neutron RestProxy 플러그인, 이렇게 두 개의 컴포넌트로 구성된다. 플러드라이트 컨트롤러가 오픈스택과 연동되면, 네트워크 엔지니어는 다른 가상 또는 물리적인 컴퓨터 자원과 함께 네트워크 자원을 동적으로 제공할 수 있다.

플러드라이트 OpenFlowHub 페이지(http://www.projectfloodlight.org/floodlight/)
에서 더 상세한 내용과 튜토리얼을 볼 수 있다.

OpenDaylight

OpenDaylight는 Linux Foundation Collaborative 프로젝트(www.
opendaylight.org)로 개발자 커뮤니티가 모여 오픈 소스 SDN 솔루션을 이용한
프로그램 가능성과 제어 가능성을 확인할 수 있는 공개된 참조 프레임워크를
만드는 프로젝트이다. OpenDaylight는 오픈 커뮤니티 개발자, 오픈 소스 코
드, 공개된 비즈니스와 기술 이슈에 대한 공개 커뮤니티 의사 결정 프로세스를
보장하는 프로젝트 관리의 결합체다. OpenDaylight는 SDN 구조에서 핵심
컴포넌트가 될 수 있다. 오픈 소스 SDN 컨트롤러 기반의 구현은 사용자에게
운영의 복잡도를 줄이고 기존 네트워크 인프라의 라이프타임을 연장시키며,
SDN을 통해서만 가능한 새로운 서비스와 기능을 제공한다. OpenDaylight
프로젝트의 미션 선언은 "OpenDaylight는 SDN 플랫폼을 가속화하고 진보시
키기 위한 커뮤니티가 이끌고, 벤더가 지원하는 코드와 구조를 포함한 오픈 소
스 프레임워크 실현을 촉진한다"이다. OpenDaylight는 모두에게 공개돼 있
다. 누구나 코드를 개발하고 제공할 수 있으며, 기술 운영 위원회TSC, Technical
Steering Committee 멤버로 선택될 수 있으며, 위원회 참여권을 얻을 수 있고, 다
양한 형태로 프로젝트의 진행을 도울 수 있다. OpenDaylight는 다수의 프로
젝트로 구성되어 있다. 각 프로젝트는 컨트리뷰터contributor, 커미터committer, 그
리고 커미터 중에서 선출된 프로젝트 리터로 구성된다. 초기 기술 운영 위원
회 와 프로젝트 리더는 초기에 프로젝트에 제공된 코드를 개발한 전문가로 구
성된다. 이를 통해 커뮤니티는 제공된 코드의 전문가와 만날 수 있도록 지원하
고, 새로운 커뮤니티 참가자들도 조언을 얻을 수 있도록 도와준다. 초기 부트
스트랩 프로젝트 중에서 다음 절에 소개될 OpenDaylight(ODL) 컨트롤러는

초기 프로젝트 중 하나이다. ODL 기반 네트워크 애플리케이션 개발을 위한 환경 구성과 OpenDaylight에 대한 더 상세한 내용은 4장, '환경 구성'에서 다룬다.

특별한 컨트롤러

3장에서 소개한 오픈플로우 컨트롤러에 더불어 특별한 용도의 오픈플로우 컨트롤러인 플로우바이저FlowVisor와 라우트플로우RouteFlow가 있다. 전자는 오픈플로우 스위치와 다수의 오픈플로우 컨트롤러 사이에서 프록시 역할을 한다. 플로우바이저는 네트워크 슬라이스slice를 생성하고 각 슬라이스에 대한 제어권을 서로 다른 오픈플로우 컨트롤러에게 위임한다. 플로우바이저는 이 슬라이스들을 적절한 정책을 통해 서로 영향을 주지 않도록 격리시킨다. 반면에 라우트플로우는 오픈플로우 지원 하드웨어상에서 가상화된 IP 라우팅을 제공한다. 라우트플로우는 오픈플로우 컨트롤러상의 네트워크 애플리케이션으로 생각할 수 있다. 이것은 오픈플로우 컨트롤러 응용, 독립적인 서버, 그리고 물리적 인프라의 연결성을 재현하고, IP 라우팅 엔진을 수행하는 가상 네트워크 환경으로 구성된다. 이 라우팅 엔진은 구성된 라우팅 프로토콜에 따라(예를 들어, OSPF와 BGP) 리눅스 IP 테이블 내에 포워딩 정보 기반FIB을 생성한다. 이러한 특별한 컨트롤러에 대한 자세한 내용은 추후에 더 소개된다. 이 컨트롤러들에 대한 세부사항은 8장, '오픈 소스 프로젝트'에서 다룬다.

요약

오픈플로우 컨트롤러는 오픈플로우 스위치와의 인터페이스를 제공하고 네트워크 애플리케이션 개발에 필요한 API를 제공한다. 3장에서 오픈플로우(SDN) 컨트롤러의 전반적인 기능과 현존하는 컨트롤러(NOX/POX, NodeFlow, Floodlight)

에 관한 상세한 내용을 소개했다. NOX는 파이썬과 C++로 쓰여진 최초의 오픈플로우 컨트롤러다. POX는 파이썬으로 작성된 범용의 오픈 소스 SDN 컨트롤러다. 학습 스위치 네트워크 애플리케이션을 POX의 API를 기반으로 소개하였다. NodeFlow는 Node.js를 이용한 자바스크립트로 만들어진 오픈플로우 컨트롤러다. 플러드라이트는 자바 기반의 오픈플로우 컨트롤러로 Beacon에 기반하고 있으며, 물리적인 오픈플로우 스위치와 가상 오픈프로우 스위치에 모두 연동하여 동작 가능하다. 3장에서 소개된 플로우바이저와 라우트플로우는 특별한 기능을 제공하는 컨트롤러다. 이제 SDN/오픈플로우 개발 환경을 구성하는 데 필요한 재료들을 모두 다뤘다. 4장에서는 이러한 개발 환경을 구성한다.

4
환경 구성

3장에서는 오픈플로우 스위치와 컨트롤러를 소개했고, 4장에서는 네트워크 애플리케이션 개발 인프라와 환경 구성을 마무리할 예정이다. 먼저 Mininet 기반의 오픈플로우 실험 환경과 원격 오픈플로우 컨트롤러POX를 소개하고, 다음으로 네트워크 애플리케이션 개발에 이용할 (오픈플로우를 지원하는) SDN 컨트롤러 플랫폼인 OpenDaylight 프로젝트와 그 부트스트랩 프로젝트인 ODL 컨트롤러를 소개한다.

오픈플로우 실험 환경 이해하기

2장, '오픈플로우 스위치 구현'에서 오픈플로우 실험 환경인 Mininet 네트워크 에뮬레이션 플랫폼을 소개했다. 이번 절에서는 앞으로 설명할 개발 환경의 일부가 될 Mininet 실험 환경의 세부 사항을 소개한다. Mininet은 하나의 시스템이 마치 완전한 네트워크처럼 보이도록 하기 위해 리눅스 커널 내에서 실행되는 가벼운 가상화 환경을 이용한다. Mininet 호스트는 실제 장치처럼 동작한다. SSH로 접속할 수 있으며(단, SSH 데몬을 실행 중이고, 가상 호스트의 네트워크를 물리 호스트와 연결bridge했을 경우), 원하는 프로그램을 실행할 수 있다(리눅스상에서 실행 가능한 프로그램들, 예를 들어 웹 서버나 와이어샤크, 또는 iperf). 그러나 Mininet은 단 하나의 리눅스 커널에서 모든 가상 호스트를 실행하기 때문에, BSD나 윈도우 등, 다른 운영체제에서 동작하는 프로그램을 실행할 수는 없다. 현재 Mininet은 기본적으로 네트워크 주소 변환NAT, Network Address Translation을 지원하지 않는다. 이는 가상 호스트들이 LAN으로부터 독립적이라는 의미다. 일반적으로 이런 구성이 좋긴 하지만, 가상 호스트들은 인터넷에 접근하지 못하게 된다. 게다가 Mininet 호스트들(즉, 가상 호스트들)은 물리 호스트의 파일 시스템과 프로세스 IDPID 스페이스를 공유한다. 이는 /etc 내의 설정이 필요한 데몬을 실행할 때 주의해야 하고, 또한 실수로 잘못된 프로세스를 죽이지 않도록 조심해야 함을 의미한다.

Mininet은 단일 시스템을 한 묶음의 더 작은 '컨테이너container'로 분리하는 리눅스 운영체제의 특별한 기능을 활용한다. 각각의 컨테이너는 프로세싱 파워를 균등하게 공유하고, 정확한 지연과 스피드(예를 들어, 100Mbps나 1Gbps)를 갖는 가상 링크 코드와 결합된다. 내부적으로 Mininet은 프로세스 그룹, CPU 대역폭 분리, 네트워크 네임스페이스namespace와 같은 리눅스 커널 내의 가벼운 가상화 기능을 이용하고, 이들을 링크 스케줄러와 가상 이더넷 링크와 결합한다. Mininet의 가상 호스트는 네트워크 네임스페이스(네트워크 상태의 컨테이너)로 이전된 사용자 레벨 프로세스들의 그룹이다. 네트워크 네임스페이스는 인터페이스, 포트, 라우팅 테이블(ARP와 IP)에 대해 배타적인 소유권을 갖는 프로세스 그룹을 제공한다. Mininet의 에뮬레이트된 이더넷 링크 각각의 데이터 속도rate는 트래픽을 설정된 속도로 조절해주는 다양한 패킷 스케줄러를 갖는 리눅스 트래픽 컨트롤(tc)를 이용해 제어된다. Mininet에서는 링크 파라미터를 설정할 수 있는데, 심지어 커맨드라인에서도 자동 설정 가능하다.

```
$ sudo mn --link tc,bw=10,delay=10ms
mininet> iperf
...
mininet> h1 ping -c10 h2
```

위 명령어는 링크의 대역폭을 10Mbps로, 지연을 10ms로 설정한다. 지연 값을 이렇게 설정하면 RTTround trip time은 40ms 정도가 된다. 이는 ICMP 요청이 두 링크(하나는 스위치로, 다른 하나는 목적지로)를 지나고, ICMP 응답이 돌아오면서 다시 두 링크를 지나기 때문이다.

 Mininet의 파이썬 API를 이용해 각 링크를 사용 목적에 맞게 수정할 수 있다.
• http://github.com/mininet/mininet/wiki/Introduction-to-Mininet

각 가상 호스트는 자신만의 가상 이더넷 인터페이스를 갖는다. 가상 이더넷(또는 veth) 쌍 또는 가상 스위치 포트는 두 가상 인터페이스를 연결하는 전선wire처럼 동작한다. 한 인터페이스를 통해 전송된 패킷은 다른 쪽으로 전달되고, 각 인터페이스는 모든 시스템과 애플리케이션 소프트웨어에게 완전하게 동작하는 이더넷 포트로 보여진다. Mininet은 다음 그림처럼 인터페이스들 사이에 패킷을 스위칭하기 위해 일반적으로 리눅스 브리지나 커널 모드로 동작하는 Open vSwitch를 이용한다.

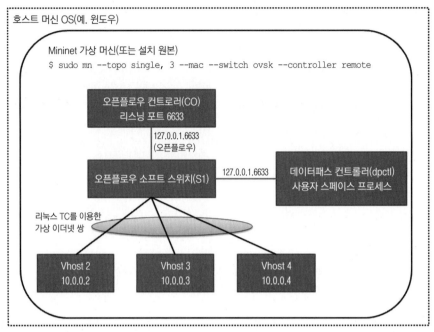

오픈플로우를 이용한 간단한 실험환경

위 그림은 Mininet 리눅스 서버(또는 Mininet 리눅스 VM 이미지) 내에 생성된 가상 호스트, 소프트 스위치, 오픈플로우 컨트롤러를 보여준다. 이 네트워크 토폴로지는 단순히 아래의 명령어를 SSH 터미널에 입력만 하면 생성할 수 있다.

```
$ sudo mn --topo single,3 --mac --switch ovsk --controller remote
```

이 명령어 라인은 Mininet에게 3개의 호스트와 (Open vSwitch 기반의) 단일 스위치로 구성된 토폴로지를 시작(--topo single,3)하고, 각 호스트의 MAC 주소는 IP 주소와 동일하게 설정(--mac)하며, 기본값으로 로컬 호스트인 컨트롤러를 원격지의 컨트롤러를 이용하도록 설정(--controller remote)한다. 각 가상 호스트는 자신만의 분리된 IP 주소를 갖는다. 또한, 3개의 포트를 가진 하나의 오픈플로우 소프트 스위치가 커널상에 생성된다. 가상 호스트들은 가상 이더넷 링크를 통해 소프트 스위치와 연결된다. 각 호스트의 MAC 주소는 해당 호스트의

IP 주소로 설정된다. 마지막으로 오픈플로우 소프트 스위치는 원격지의 컨트롤러와 연결된다.

 Mininet 소스 트리에 포함되어 있는 예제 디렉토리(~/mininet/examples)는 Mininet 파이썬 API의 사용법과 Mininet 메인 코드에 통합되지는 않았지만, 유용한 코드를 포함하고 있다.

앞에서 언급된 구성요소에 더불어, dpctl은 오픈플로우 참조 배포판에 포함된 유틸리티로 개별 스위치의 플로우 테이블에 대한 모니터링과 제어 기능을 제공한다. 이 유틸리티는 플로우 상태와 카운터에 대한 모니터링에 유용하다. 이 정보를 얻기 위해 스위치의 포트번호 6634로 폴링할 수 있다. 다음 SSH 윈도우상의 명령어는 스위치로 연결하고 포트 상태와 기능 정보를 출력할 수 있다.

```
$ dpctl show tcp:127.0.0.1:6634
```

아래 명령어는 소프트 스위치의 플로우 테이블의 항목들을 보여준다.

```
$ dpctl dump-flows tcp:127.0.0.1:6634
stats_reply (xid=0x1b5ffa1c): flags=none type=1(flow) cookie=0,
duration_sec=1538s, duration_nsec=567000000s, table_id=0,
priority=500, n_packets=0, n_bytes=0, idle_timeout=0,hard_
timeout=0,in_port=1,actions=output:2
    cookie=0, duration_sec=1538s, duration_nsec=567000000s, table_id=0,
priority=500, n_packets=0, n_bytes=0, idle_timeout=0,hard_
timeout=0,in_port=2,actions=output:1
```

또한, dpctl을 이용해 필요한 플로우를 수동으로 입력할 수 있다. 예를 들면 다음과 같다.

```
$ dpctl add-flow tcp:127.0.0.1:6634 in_port=1,actions=output:2
$ dpctl add-flow tcp:127.0.0.1:6634 in_port=2,actions=output:1
```

첫 번째 명령어는 포트 1에서 들어오는 패킷을 포트 2로 전달하고, 두 번째 명령어는 반대 방향으로 패킷을 전달한다. 플로우 테이블을 출력하여 명령어의 결과를 확인할 수 있다.

```
$ dpctl dump-flows tcp:127.0.0.1:6634
```

기본적으로 Mininet은 Open vSwitch를 오픈플로우 모드로 실행하고, 따라서 오픈플로우 컨트롤러가 필요하다. Mininet은 오픈플로우 참조 컨트롤러controller, Open vSwitch의 ovs-controller, 그리고 이제는 더 이상 사용되지 않는 NOX Classic을 포함한 다양한 컨트롤러를 지원하는 내장된 Controller() 클래스를 제공한다. mn 명령어를 실행시킬 때 간단하게 원하는 컨트롤러를 선택할 수 있다.

```
$ sudo mn --controller ref
$ sudo mn --controller ovsc
$ sudo mn --controller NOX,pyswitch
```

위의 각 예제는 컨트롤러를 OVS 스위치를 이더넷 학습 스위치로 동작하도록 만들기 위해 사용한다.

 ovsc는 설치하기 쉽지만, 16개의 스위치만 지원한다. install.sh -f 명령어를 이용해서 참조 컨트롤러를 설치할 수 있다. NOX-Classic을 설치하려면 install.sh -x 명령어를 이용할 수 있으나 NOX-Classic은 더 이상 사용되지 않으며 앞으로도 지원이 없을 것이라는 점에 주의해야 한다.

외부 컨트롤러

Mininet 네트워크를 시작하면, 각 스위치는 원격지 컨트롤러에 연결될 수 있다. 컨트롤러는 Mininet VM 내부나 Mininet VM 바깥에 있을 수도 있고, 로컬 머신 내부나 원칙적으로 인터넷에 연결된 어느 곳에서든 존재할 수 있다.

이미 컨트롤러 프레임워크와 개발 툴이 로컬 호스트에 설치되어 있거나, 다른 물리 장치에서 실행 중인 컨트롤러를 테스트하려 한다면 이 구성은 매우 편리할 것이다. 이를 시도해 보려면, 미리 구성한 컨트롤러가 Mininet VM으로부터 연결 가능한지 확인하고 해당 호스트 IP와 (선택사항으로)포트 번호를 입력해야 한다.

```
$ sudo mn --controller=remote,ip=[controller IP],port=[controller
listening port]
```

예를 들어, POX의 예제 학습 스위치를 실행하기 위해서는 아래와 같은 명령어를 수행하면 된다.

```
$ cd ~/pox
$ ./pox.py forwarding.l2_learning
```

다른 창에서는 Mininet을 해당 원격 컨트롤러에 접속하도록 실행한다(실제로는 로컬이지만, Mininet의 제어권 바깥에서 동작한다).

```
$ sudo mn --controller=remote,ip=127.0.0.1,port=6633
```

 위의 예제에서 사용한 값들은 사실 기본 IP 주소와 포트 번호라는 점에 주의해야 한다. 트래픽을 생성하면(mininet) h1 ping h2), POX 윈도우에서 스위치가 연결됐는지, 몇 개의 플로우 테이블 항목이 설치됐는지를 보여주는 출력 메시지를 확인할 수 있다.

오픈플로우 실험환경 완성하기

오픈플로우 실험환경은 다음 네 가지 구성요소를 갖는다.

- Mininet VM을 실행시키는 가상화 소프트웨어, 예를 들어 버추얼박스나 VMware Player
- SSH를 지원하는 터미널 프로그램, 예를 들어 PuTTY
- X11 포워딩을 위한 X 서버, 예를 들어 Xming이나 XQuartz
- Mininet(2.0) VM 이미지

다음 그림은 네트워크 애플리케이션 개발에 이용될 오픈플로우 실험 환경의 전체 구성 요소와 설정을 보여준다. 다수의 이용 가능한 오픈플로우(그리고 SDN) 컨트롤러 중 하나를 정확한 포트에서 실행시키고, Mininet의 원격 컨트롤러의 정확한 IP 주소를 지정하여 실행하면 오픈플로우 실험 환경이 바로 동작한다. 버추얼박스를 이용한다면 VM에 두 개의 네트워크 인터페이스가 있는지 확인 해야 한다. 하나는 NAT 인터페이스로 인터넷에 접근하는 데 이용되고, 다른 하나는 호스트 전용 어댑터로 호스트 머신과 통신하는 데 이용된다. 예를 들어, NAT 인터페이스는 10.x.x.x IP 주소를 갖는 eth0이 되고, 호스트 전용 어댑터는 192.168.x IP 주소를 갖는 eth1이 될 수 있다.

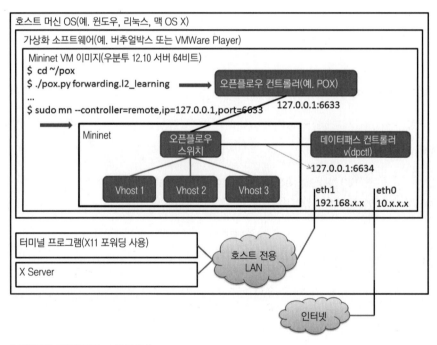

오픈플로우 실험환경과 그 구성 요소

버추얼박스를 이용할 때 두 번째 네트워크 인터페이스를 호스트 전용 어댑터 모드로 지정해야 한다. VM 이미지를 선택하고, Settings 탭으로 이동해서 Network Adapter 2를 선택한다. 네트워크 어댑터 사용하기 체크박스를 선택하고, 호스트 전용 어댑터에 연결한다. 이를 통해 호스트 머신에서 VM에 쉽게 접근할 수 있다.

이제 호스트 PC에서 SSH를 통해 게스트 VM(오픈플로우 실험환경)에 접속할 수 있는지 확인해보자. 가상 머신 콘솔에서 VM에 로그인하고(username: mininet, password: mininet), 아래 명령어를 입력한다.

$ ifconfig -a

정상적이라면 3개의 인터페이스(eth0, eth1, lo)가 보이고, eth0와 eth1은 IP가 할당된 상태여야 한다. 그렇지 않다면, 아래 명령을 입력한다.

$ sudo dhclient ethX

ethX를 위에서 IP가 할당되지 않은 인터페이스의 이름으로 대체한다. 호스트 전용 어댑터 eth1의 IP 주소(아마도 192.168.x.x)를 적어둔다. 다음으로 SSH 클라이언트를 이용해 Mininet VM에 로그인한다. 예를 들어 리눅스 호스트에서는 아래 명령어를 입력한다.

$ ssh -X mininet@[eth1's IP address]

X11 애플리케이션 xterm이나 와이어샤크를 이용하려면 X 서버가 실행 중이어야 한다. 다음은 X 서버에 대한 접근성을 검증해준다. X 터미널을 xterm 명령어를 이용해 구동시킨다.

$ xterm

그러면 새로운 터미널 창이 나타날 것이다. 위 과정에 성공했다면, 오픈플로우 실험 환경이 준비된 상태임을 뜻하므로 xterm을 종료해도 된다. xterm: Xt error: Can't open display(또는 유사한 에러)가 발생한 경우, X 서버가 정상적으로 설치됐는지 확인해야 한다.

윈도우 환경에서는 Xming 서버가 실행 중이어야 하고, X11 포워딩이 활성화된 SSH 연결을 생성해야 한다. 먼저 Xming을 시작한다. Xming은 어떤 창을 보여주지 않으나, 윈도우 작업 표시줄에서 프로세스를 확인하여 실행 여부를 확인할 수 있다. 다음으로 X11 포워딩이 활성화된 상태에서 SSH 연결을 생성한다. PuTTY를 이용한다면, 오픈플로우 실험환경의 IP 주소(eth1)를 입력하고 X11 포워딩을 활성화시켜 접속하면 된다. PuTTY의 GUI에서 X11 포워딩을 활성화시키려면 PuTTYConnection ▶ SSH ▶ X11로 이동해 다음 그림과 같이 Enable X11 Forwarding을 클릭한다.

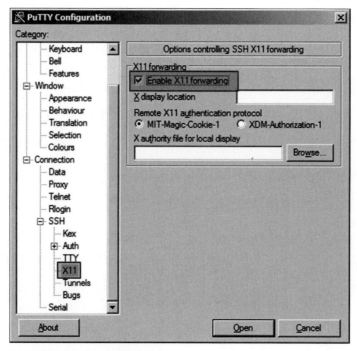

PuTTY에서 X11 포워딩 활성화 화면

다른 방법으로, X11을 VM 자체에(즉, 오픈플로우 실험용 VM 안에) 설치할 수 있다. X11 과 간단한 윈도우 관리자를 설치하기 위해 VM 콘솔창에 로그인(username: mininet, password: mininet) 하고 아래 명령어를 입력한다.

```
$ sudo apt-get update
$ sudo apt-get install xinit flwm
```

이제 VM 콘솔 창에서 X11 세션을 구동하기 위해 아래 명령어를 이용한다.

```
$ startx
```

오픈플로우 실험 환경과 SSH 연결을 생성하고, 로그인한 후에, 예제 Mininet 네트워크를 다음 명령어를 입력하여 시작할 수 있다.

```
$ sudo mn --topo single,3 --mac --switch ovsk --controller remote
```

아직 오픈플로우 컨트롤러를 실행하기 전이므로 unable to contact the remote controller at 127.0.0.1:6633와 같은 에러 메시지가 발생할 수 있다. X11 포워딩이 활성화된 상태이기 때문에, 와이어샤크를 실행하여 오픈플로우 트래픽을 캡처해볼 수 있다. 와이어샤크는 아래 명령어를 터미널(PuTTY)에 입력하여 실행할 수 있다.

```
mininet@mininet-vm:~$ wireshark &
```

이 명령어를 실행하면 와이어샤크 GUI가 열리고 2장, '오픈플로우 스위치 구현'에서 설명한 오픈플로우 트래픽 필터링을 적용한 네트워크 트래픽 캡처를 실행해볼 수 있다.

이제 원격으로 오픈플로우 컨트롤러를 시작할 수 있다. 이 컨트롤러는 사실 오픈플로우 실험환경 VM 내에서 동작한다. 따라서 VM 콘솔에서 아래 명령어를 입력하면 된다.

```
mininet@mininet-vm:~$ cd pox
mininet@mininet-vm:~/pox$ ./pox.py forwarding.l2_learning
```

그리고 Mininet의 오픈플로우 소프트 스위치가 이 컨트롤러에 연결될 때까지 잠시 기다린다. 그 동안 POX 컨트롤러는 아래와 유사한 내용을 보여준다.

```
POX 0.0.0 / Copyright 2011 James McCauley
DEBUG:core:POX 0.0.0 going up...
DEBUG:core:Running on CPython (2.7.3/Sep 26 2012 21:51:14)
INFO:core:POX 0.0.0 is up.
This program comes with ABSOLUTELY NO WARRANTY.   This program is
free software, and you are welcome to redistribute it under certain
conditions.
Type 'help(pox.license)' for details.
DEBUG:openflow.of_01:Listening for connections on 0.0.0.0:6633
INFO:openflow.of_01:[Con 1/1] Connected to 00-00-00-00-00-01
DEBUG:forwarding.l2_learning:Connection [Con 1/1]
Ready.
POX>
```

POX의 디버그 메시지는 오픈플로우 스위치가 POX(오픈플로우 컨트롤러)에 접속되었고, L2 학습 스위치로 동작함을 보여준다. 여기까지가 오픈플로우 실험환경 설정의 마지막 단계이다. Mininet을 이용해서 네트워크를 구성하였고, 네트워크 애플리케이션 개발 환경으로 원격 오픈플로우 컨트롤러(POX)를 시작했다. 5장, '네트워크 애플리케이션 개발'에서는 이 실험환경을 이용해 샘플 네트워크 애플리케이션을 개발해본다. 다음 절에서는 OpenDaylight 프로젝트에 기반한 다른 실험환경 구성을 소개한다.

OpenDaylight

OpenDaylight는 리눅스 파운데이션의 협력 프로젝트(www.opendaylight.org)로, 오픈 소스 SDN 솔루션을 통한 제어와 프로그래밍이 가능한 공개된 참조 프레임워크에 대한 요구를 만족시키기 위해 커뮤니티를 구성하였다. 오픈 커뮤니티 개발자, 오픈 소스 코드, 그리고 비즈니스와 기술적 이슈에 대한 오픈 커뮤니티 기반의 의사 결정 프로세스를 보장하는 프로젝트 관리가 결합된 프로젝트이다. OpenDaylight는 어떤 SDN 구조에서도 핵심 컴포넌트가 될 수 있다. 오픈 소스 SDN 컨트롤러를 이용하면 사용자들은 운영의 복잡성을 줄이고, 네트워크 하부의 라이프타임을 늘릴 수 있으며, SDN으로만 제공 가능한 서비스와 기능을 활용할 수 있다. OpenDaylight는 사명을 다음과 같이 선언하고 있다. "OpenDaylight는 범용의 강건한 SDN 플랫폼을 가속화하고 진보시키기 위해, 커뮤니티가 주도하고 산업이 지원하는, 코드와 아키텍처를 포함한, 오픈 소스 프레임워크의 활성화를 목표로 한다." OpenDaylight는 누구에게나 공개되어 있다. 누구나 코드를 개발하고 기여할 수 있으며, 기술 운영 위원회의 멤버로 선출될 수 있고, 위원회에 투표할 수 있고, 다양한 방법으로 프로젝트에 기여할 수 있다. OpenDaylight는 여러 프로젝트로 구성되어 있다. 각 프로젝트는 기여자contributor, 커미터committer, 그리고 다른 커미터들에 의해 선출된 프로젝트 리더를 갖는다. 초기 TSC와 프로젝트 리더는 해당 프로젝트에 제공된 코드의 원본을 개발한 전문가에 의해 구성된다. 이를 통해 해당 커뮤니티는 기여된 코드에 가장 친숙한 전문가와 접촉할 수 있고, 새로운 커뮤니티 참가자에게 멘토십을 제공할 수 있다. 초기 부트스트랩 프로젝트들 중 OpenDaylight(ODL) 컨트롤러는 초기 프로젝트 중 하나로, 다음 절에서는 이를 소개하고 ODL 기반 네트워크 애플리케이션 개발 환경을 구성한다.

ODL 컨트롤러

OpenDaylight(ODL) 컨트롤러는 최신 이기종 다중 벤더 네트워크상에서의 SDN 구성을 위해 개발된 고가용성, 모듈기반의 확장성 있는, 다중 프로토콜 컨트롤러 인프라다. 모델 주도의 서비스 추상화 계층SAL, Service Abstraction Layer은 다수의 사우스바운드 프로토콜(예, 오픈플로우)을 플러그인을 통해 지원하기 위해 필요한 추상화를 제공한다. 애플리케이션 지향적인 확장성있는 노스바운드 구조는 느슨하게 결합된 애플리케이션을 위한 RESTful 웹 서비스를 통한 다

양한 노스바운드 API 집합과 코로케이션co-located 애플리케이션을 위한 OSGi
서비스를 제공한다. 컨트롤러 플랫폼 개발의 기반이 되는 OSGi 프레임워크는
컨트롤러의 모듈화와 확장성의 근간이 되고, OSGi 모듈과 서비스에 대한 버
전 관리와 라이프사이클 관리를 제공한다. OpenDaylight 컨트롤러는 오픈플
로우나 개별 에이전트를 갖는 장치들과 통신을 제공하기 위해 오픈플로우 프
로토콜뿐 아니라, 다른 오픈 프로토콜들을 지원한다. 이것은 또한 네트워크를
제어하기 위해 컨트롤러와 상호작용하는 고객 애플리케이션(소프트웨어)을 위한
노스바운드 API를 제공한다.

ODL은 JVM이 (JVM 1.7 이상에서는) 어떤 하드웨어 플랫폼과 OS에서도 동작하기
때문에 Java를 이용해 개발되었다. 다음 그림은 ODL의 구조를 보여준다.

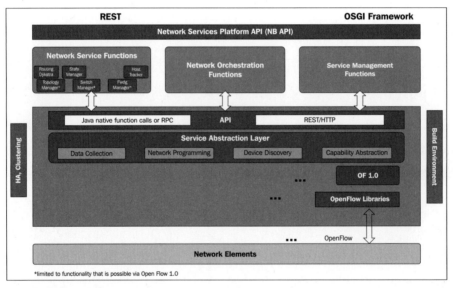

ODL 컨트롤러의 아키텍처

사우스바운드 ODL 컨트롤러는 다양한 프로토콜을 플러그인으로 지원할 수
있다(예, 오픈플로우 1.0, PCE, BGP-LS 등). 현재는 오픈플로우 1.0을 지원한다. 다른
OpenDaylight 컨트리뷰터가 새로운 프로토콜을 제공하거나, 새로운 프로젝

트로 추가할 수 있다. 이 모듈들은 서비스 추상화 계층SAL, Service Abstraction Layer 에 동적으로 연동된다. SAL은 상위 계층의 모듈들이 이용할 수 있도록 서비스 를 제공한다. SAL은 컨트롤러와 네트워크 장치 (오픈플로우 스위치) 사이에서 이용 되는 하부 프로토콜에 상관없이 요구된 서비스를 수행하는 방법을 찾아낸다. 이는 오픈플로우와 다른 프로토콜이 시간에 따라 진화되기 때문에 애플리케이 션에 대한 투자 보호investment protection를 제공한다. 네트워크 장치의 기능과 연 결성에 대한 정보는 토폴로지 관리자에 의해 저장되고 관리된다. 다른 컴포넌 트들(예, ARP 처리기, 호스트 추적기, 장치 매니저, 스위치 매니저)은 토폴로지 관리자를 위 한 토폴로지 데이터베이스를 생성하는 것을 도와준다. 스위치 매니저 API는 네트워크 장치에 대한 세부사항을 제공한다. 네트워크 장치가 발견되면, 해당 장치의 속성들(예를 들어, 어떤 스위치/라우터이고, 소프트웨어 버전, 기능 정보 등)은 스위치 매니저에 의해 데이터베이스에 저장된다. 컨트롤러는 애플리케이션에 의해 이 용되는 노스바운드 API를 제공한다. ODL 컨트롤러는 OSGi 프레임워크와 노 스바운드 API를 위한 양방향 REST를 지원한다. OSGi 프레임워크는 컨트롤 러와 동일한 주소 공간에서 실행되는 애플리케이션에 의해 이용되고, 웹 기반 REST API는 컨트롤러와 동일한 주소 공간(또는 동일한 하드웨어/소프트웨어 플랫폼)에 서 실행되지 않는 외부의 애플리케이션에 의해 이용된다.

비즈니스 로직과 알고리즘은 네트워크 애플리케이션 안에 존재한다. 네트워 크 애플리케이션은 컨트롤러를 통해 네트워크 지능intelligence을 수집하고, 분석 을 위해 알고리즘을 실행한 후에, 컨트롤러를 이용해 네트워크 전체에 새로운 룰을 조율한다. ODL 컨트롤러는 클러스터 기반 고가용성 모델을 지원한다. 몇 개의 ODL 컨트롤러 인스턴스들이 논리적으로 하나의 컨트롤러로 동작한다. 이것은 세밀한 수준의 가용성을 제공하고, 선형 확장을 위한 확장성 모델을 제 공한다. ODL 컨트롤러는 내장 GUI를 제공한다. 이 GUI는 다른 애플리케이션 도 이용 가능한 노스바운드 API를 이용해 애플리케이션으로 구현되었다.

구조와 개발 인프라, 라이브러리에 대한 설명, API 레퍼런스에 대한 더 많은 정보는 아래의 ODL 컨트롤러 위키 페이지에서 찾을 수 있다.

• http://wiki.opendaylight.org/view/OpenDaylight_Controller:Programmer_Guide

ODL 기반 SDN 실험환경

이번 절에서는 ODL 컨트롤러를 이용해 SDN 실험환경을 구성한다. 여기에서는 ODL 컨트롤러를 로컬 리눅스 장치에 설치하고, 가상 네트워크 생성을 위해 (앞 절에서 자세히 설명한) Mininet VM을 이용한다고 가정하고 설명한다. 호스트 운영체제는 윈도우 7 엔터프라이즈이고, VMware Player를 이용해 ODL 컨트롤러를 위한 다른 가상 장치 우분투 12.04를 생성한다. VM의 설정 내용은 다음과 같다.

- 2CPU, 2GB 램, 20GB 디스크

- 브리지Bridged 모드 NIC, VM과 호스트의 NIC을 동일한 네트워크로 만들어준다. 무선이나 유선 인터페이스를 연결할 수 있다. 물리 호스트가 192.168.0.10/24를 가지면, 브리지 모드의 VM은 192.168.0.11/24나 DCHP 서버가 할당하는 임의의 IP를 갖는다. 중요한 것은 VM과 호스트 컴퓨터가 동일한 서브넷에 존재한다는 점이다.

VM에 로그인한 후에, 다음 필수 소프트웨어들을 다운로드한다.

- JVM 1.7 이상, 예를 들어 OpenJDK 1.7(JAVA_HOME이 환경 변수로 설정되어 있어야 함)

- ODL 컨트롤러를 Git 저장소로부터 가져오기 위한 Git

- Maven

관련된 패키지를 설치하고, 코드를 Git에서 가져온다.

```
$ sudo apt-get update
$ sudo apt-get install maven git openjdk-7-jre openjdk-7-jdk
$ git clone http://git.opendaylight.org/gerrit/p/controller.git
$ cd controller/opendaylight/distribution/opendaylight/
$ mvn clean install
$ cd target/distribution.opendaylight-0.1.0-SNAPSHOT-osgipackage/
opendaylight
```

이렇게 하면 필수 툴을 설치하고 ODL 컨트롤러를 Git 저장소에서 가져온다. Maven은 ODL 컨트롤러를 빌드하고 설치한다. 아파치 Maven은 빌드 자동화 툴로 주로 자바 프로젝트에서 이용된다. ODL 컨트롤러를 빌드하는 것은 몇 분이 걸린다는 점을 알아두기 바란다.

 Maven 빌드가 Out of Memory error: PermGen Space 에러와 함께 실패하면, Maven 을 −X 옵션을 이용해서 풀 디버그 로깅을 활성화시킨 상태로 재실행한다. 이것은 Maven 빌드 과정 중 어딘가에서 메모리 누수가 발생하였기 때문인데, 버그로 추적 중인 문제다. mvn clean install 대신에 mvn clean install −DskipTests를 실행하면 가비지 콜렉터의 누수 원인으로 보이는 통합 테스트를 건너뛸 수 있다. 이 에러를 아래의 maven 옵션으로 해결할 수 있다.

```
$ export MAVEN_OPTS="-Xmx512m -XX:MaxPermSize=256m"
```

Maven 빌드 과정의 끝에 보여주는 요약정보는 ODL 컨트롤러를 성공적으로 빌드했는지를 경과된 시간과 할당된 메모리 정보와 함께 알려준다. ODL 컨트롤러를 실행하기 전에, JAVA_HOME 환경 변수를 설정해야 한다. 현재의 JAVA_HOME 환경 변수의 값은 echo $JAVA_HOME 명령어로 확인할 수 있다. 아마 아직 정의되지 않은 상태일 것이다. JAVA_HOME 환경 변수를 설정해보자. 재부팅이나 재로그인 시에도 JAVA_HOME 환경 변수 설정이 유지될 수 있도록, 필요한 설정 내용을 .bashrc에 쓸 수 있다. JAVA_HOME=/usr/lib/jvm/java-1.7.0-openjdk-amd64를 ~/.bashrc 파일의 맨 끝에 넣으면 되고, 한 번만 설정하려면 다음 명령어를 이용한다.

```
$ export JAVA_HOME=/usr/lib/jvm/java-1.7.0-openjdk-i386 (or -amda64)
```

이제 ODL 바이너리가 있는 디렉토리로 이동하여 run.sh를 실행해 ODL 컨트롤러를 시작시킬 수 있다.

```
$ cd ~/controller/opendaylight/distribution/opendaylight/target/
distribution.opendaylight-0.1.0-SNAPSHOT-osgipackage/opendaylight
$ ./run.sh
```

ODL 컨트롤러는 모든 모듈을 로딩시키는 데 몇 분이 걸린다. 브라우저에서 127.0.0.1:8080을 입력해서 ODL 컨트롤러 웹 인터페이스에 접속할 수 있다(다음 그림 참고). 기본 사용자 이름과 암호는 admin(username: admin, password: admin)이다.

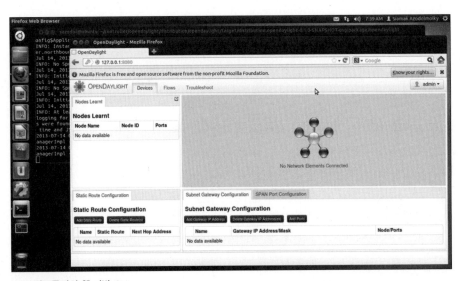

ODL 컨트롤러의 웹 기반 GUI

이제 ODL 컨트롤러가 실행 중이므로, 오픈플로우 실험환경의 오픈플로우 스위치가 이 컨트롤러를 이용하도록 지정해야 한다. ODL 컨트롤러는 우리의 오픈플로우 실험환경인 Mininet VM에 대해 테스트가 완료되었다. Mininet VM을 VMPlayer, 버추얼박스나 다른 가상화 응용을 이용해서 실행시킨다.

Mininet VM에 로그인한다(username: mininet, password: mininet). ODL 컨트롤러를 실행 중인 서버의 IP 주소를 확인(예, $ifconfig -a)하고, 이를 이용해 가상 네트워크를 실행시킨다.

```
mininet@mininet-vm:~$ sudo mn --controller=remote,
  ip=controller-ip --topo single,3
```

Mininet은 OpenDaylight 컨트롤러에 접속하고, 아래의 그림에 보이는 것과 같이 하나의 스위치와 여기에 연결된 세 호스트를 구성한다.

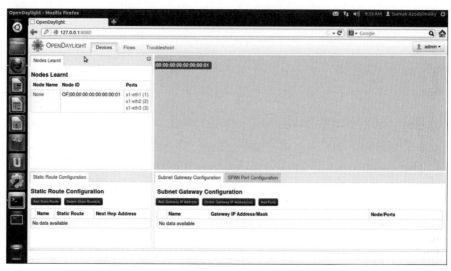

Mininet의 네트워크를 구성한 후의 ODL 컨트롤러 GUI

OpenDaylight 컨트롤러에서 오픈플로우 스위치를 선택하면, 장치가 구성되는 것을 기다리고 있다는 메시지를 보여줄 것이다. 데이터패스 ID는 스위치의 MAC과 컨트롤러가 할당한 ID를 통해 구성되는 유일한 키 식별자다. Mininet에서는 맨 끝에만 1이고, 나머지는 모두 0이다. 오픈플로우는 토폴로지를 발견하기 위해 LLDP를 packet_out을 이용해 전송한다. packet_out은 컨트롤러가 포워딩 요소에게 LLDP 디스커버리를 전송하라는 것과 같은 명령을 전달하는 명령어다. 다음으로 flowmod(Flow Modification) 액션을 지정해보자. 다음 그림은 오픈플로우 스위치의 플로우 테이블에 설치될 수 있는 플로우 항목에 대한 파라미터를 수집하는 웹 기반 폼의 일부를 보여준다. 여기에서는 출력 포트를 선택해보자. 오픈플로우는 지정된 내용에 따라서만 포워딩을 수행한다는 것을 기억해야 한다. 따라서 flowmod를 추가할 때 ARP 브로드캐스트 요청과 그 유니캐스트 응답을 위해 0x0806 이더넷 타입 트래픽을 처리할 룰을 추가하거나, 이더넷 타입 기본값인 IPv4 0x0800을 지워야 한다. 또한, 포트 1로 들어오는 트래픽을 포트 2로 포워드하라는 액션에 대한 매치와 그 응답 트래픽인 포트 2로 입력되는 트래픽을 포트 1로 출력하는 액션에 대한 매치를 설정할 필요가 있다. 이때 normal, controller, flood, 그리고 드롭다운 박스에 나열된 다른 예약 포트를 지정할 수 있다. 논리나 물리 액션을 선택한다. 물리 액션은 숫자로 정의되는 반면에 논리 액션은 심볼 표현으로 지정된다. 포트 정보는 스위치가 보내는 설정 정보를 통해 학습되고, 포트나 링크가 다운되면 업데이트된다. S1의 플로우테이블에 적절한 플로우를 추가하면, 호스트 간에 경로를 설정할 수 있고, Mininet에서 해당 호스트간에 핑을 통해 연결을 확인할 수 있다. 문제 해결을 위해 4장의 앞부분과 2장, '오픈플로우 스위치 구현'에서 설명된 dpctl이나 와이어샤크를 이용할 수 있다.

신규 플로우 항목 추가 대화상자

요약

4장에서는 Mininet 기반의 오픈플로우 실험환경과 원격 컨트롤러(POX)와 상호작용할 수 있는 네트워크 에뮬레이터로서의 역할에 대해 자세히 설명했다. 이 구성은 5장에서 네트워크 애플리케이션 개발을 위해 오픈플로우 컨트롤러의 노스바운드 API를 활용할 개발 인프라가 된다. 더불어, OpenDaylight 프로젝트와 우리의 개발 환경에서 SDN 컨트롤러로 이용 가능한 부트스트랩 컨트롤러(즉, ODL 컨트롤러)를 소개하였다. ODL 컨트롤러와 그 노스바운드 인터페이스는 Mininet 네트워크 에뮬레이터와 상호작용이 가능하므로, 5장에서 예제 네트워크 애플리케이션 개발을 위해 이용할 수 있는 좋은 개발 환경을 제공한다.

5

네트워크 애플리케이션 개발

지금까지 오픈플로우 기능과 SDN 생태계 내에서 오픈플로우 스위치와 오픈플로우 컨트롤러의 역할에 대해 살펴보았다. 4장, '환경 구성'에서는 개발 환경을 준비했고, 5장에서는 4장에서 소개한 POX 오픈플로우 컨트롤러와 OpenDaylight 컨트롤러를 이용해서 네트워크 애플리케이션을 개발할 것이다. 5장에서 소개하는 네트워크 애플리케이션은 간단한 샘플이며, 오픈플로우 컨트롤러의 잠재력과 기능은 그 이상이라는 점을 기억하기 바란다. 5장의 목표는 오픈플로우 프레임워크를 이용한 네트워크 애플리케이션 개발의 첫 삽을 뜨는 것이다. 5장의 첫 번째 부분에서는 Mininet 기반의 오픈플로우 실험환경을 시작하고 이더넷 허브, 이더넷 학습 스위치, 간단한 방화벽의 동작을 살펴본다. 그 후 OpenDaylight 컨트롤러에서 학습 스위치의 세부 사항을 살펴볼 것이다.

네트워크 애플리케이션 1 – 이더넷 학습 스위치

Mininet 기반 오픈플로우 실험 환경을 이용해 오픈플로우 스위치, 세 개의 호스트, 그리고 오픈플로우 컨트롤러(POX)로 이뤄진 간단한 네트워크를 구성해보자. 다음 그림에서 해당 네트워크 토폴로지를 확인할 수 있다.

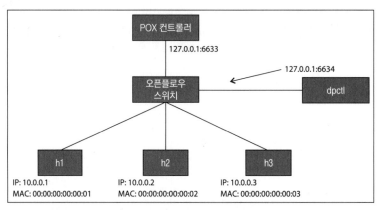

Mininet을 이용한 오픈플로우 실험 환경의 네트워크 토폴로지

POX 컨트롤러와 함께 오픈플로우 스위치의 플로우 테이블의 내용을 확인하기 위해 dpctl 유틸리티를 이용한다. 앞에서 이야기한 것처럼, 오픈플로우 스위치는 일반적으로 dpctl(데이터패스 컨트롤러) 채널이라고 하는 6634번 포트를 열어놓아 외부로부터의 접속을 수용한다. 오픈플로우 컨트롤러가 없더라도, dpctl 유틸리티를 이용해 오픈플로우 실험환경 안의 오픈플로우 스위치와 통신하고, 플로우 테이블 항목을 조사하고, 플로우를 수정할 수 있다. 앞의 그림에서 보여진 Mininet 오픈플로우 실험환경 내의 네트워크 토폴로지를 구성하기 위해 Mininet을 아래의 커맨드라인 파라미터로 실행한다.

```
mininet@mininet-vm:~$ sudo mn --topo single,3 --mac --switch ovsk --
controller remote
```

Mininet은 127.0.0.1:6633(즉, localhost:6633)의 원격 컨트롤러에 접속할 수 없다는 메시지를 출력할 것이다.

*** Adding controller
Unable to connect the remote controller at 127.0.0.1:6633

사실 아직 POX 컨트롤러를 실행하지 않았기 때문에, 오픈플로우 스위치는
(Mininet 실행 시 명령어 라인 파라미터에 --controller remote로 명시한) 원격 컨트롤러에
접속할 수 없다. --controller remote는 기본적으로 로컬호스트(127.0.0.1)의 오픈
플로우 컨트롤러를 이용한다는 점에 유의하자. h1(과 다른 호스트)의 IP 주소와
MAC 주소를 아래의 명령으로 확인할 수 있다.

mininet> h1 ifconfig

호스트간(즉, h1, h2와 h3)의 연결성을 Mininet의 pingall 명령어로 확인해보자.

mininet> pingall

그 결과는 아래와 같을 것이다.

*** Ping: testing ping reachability
h1 -> X X
h2 -> X X
h3 -> X X
*** Results: 100% dropped (6/6 lost)

이 결과는 현재 토폴로지상의 호스트들이 물리적으로는 연결된 상태이지만,
스위치의 플로우 테이블 상에 어떠한 플로우 항목도 존재하지 않아 서로 논리
적으로 연결되지 않은 상태임을 보여준다. 오픈플로우 스위치의 플로우 테이
블 내용을 다음 명령어로 확인해볼 수 있다(이 명령어를 수행하기 위해서는 Mininet VM
에 SSH로 연결된 상태여야 함).

mininet@mininet-vm:~$ dpctl dump-flows tcp:127.0.0.1:6634

그 결과는 다음과 같다.

status reply (xid=0xf36abb08): flags=none type=1 (flow)

이더넷 허브 역할을 담당할 POX 컨트롤러를 네트워크 토폴로지에 붙이기 전에, 이더넷 허브의 동작을 간단하게 살펴보자. 이더넷 허브(즉, 액티브 허브 또는 다중 포트 리피터)는 여러 개의 이더넷 장치를 연결해 마치 하나의 네트워크 세그먼트처럼 보이게 하는 장치다. 이 장치는 여러 개의 입출력 포트를 갖는데, 어떤 포트에 입력된 신호가 원래의 입력 포트를 제외한 모든 포트의 출력에서 나타난다. 스위치상에는 어떠한 포워딩 정보도 저장되지 않는다. 허브 기능은 제임스 맥컬리James McCauley가 개발한 POX 배포판의 hub.py에 구현되어 있다. L2 학습 스위치와 함께 이 프로그램은 ~/pox/pox/forwarding 디렉토리에 위치한다.

hub.py를 살펴보면, launch 메소드를 볼 수 있는데, 이 메소드는 컨트롤러에 연결되는 오픈플로우 스위치에 대한 리스너listener를 추가한다.

```
def launch ():
    core.openflow.addlisternetByName("connectionUp", _handle_ConnectionUp)
log.info("Hub running.")
```

_handle_connectionUp 메소드는 hub.py에 있는 다른 메소드로 오픈플로우 스위치에게 보낼 오픈플로우 메시지를 생성한다. 이 메시지에는 (패킷이 입력된 포트를 제외한) 오픈플로우 스위치의 모든 포트로 패킷을 플러딩하는 액션을 붙인다. 이렇게 생성된 메시지는 실험용 네트워크 토폴로지의 오픈플로우 스위치로 보내진다.

```
def _handle_ConnectionUp (event):
    msg= of.ofp_flow_mod()
    msg.actions.append(of.ofp_action_output(port= of.OFPP_FLOOD))
    event.connection.send(msg)
    log.info("Hubifying %s", dpidToStr(event.dpid))
```

즉, 이벤트 핸들러(_handle_ConnectionUp)는 단순하게 오픈플로우 스위치로부터 이벤트를 수신하고, 스위치의 플로우 테이블에 플러딩 룰을 설치하는 역할을 한다. 이제 다음과 같이 POX 컨트롤러를 허브 기능과 함께 시작해보자.

```
mininet@mininet-vm:~/pox$ ./pox.py forwarding.hub
```

결과로 아래의 내용이 출력될 것이다.

```
POX POX 0.0.0 / Copyright 2011 James McCauley
INFO:forwarding.hub:Hub running.
DEBUG:core:POX 0.0.0 going up...
DEBUG:core:Running on CPython (2.7.3/Sep 26 2012 21:51:14)
INFO:core:POX 0.0.0 is up.
This program comes with ABSOLUTELY NO WARRANTY. This program is
free software, and you are welcome to redistribute it under certain
conditions.
Type 'help(pox.license)' for details.
DEBUG:openflow.of_01:Listening for connections on 0.0.0.0:6633
Ready.
POX> INFO:openflow.of_01:[Con 1/1] Connected to 00-00-00-00-00-01
INFO:forwarding.hub:Hubifying 00-00-00-00-00-01
```

이더넷 허브로 동작하는 POX 컨트롤러가 시작되면, 오픈플로우 스위치가 POX 컨트롤러에 접속되었다는 정보 메시지가 출력된다. 해당 스위치의 데이터패스 ID(dpid) 또한 00-00-00-00-00-01과 같이 출력된다. Mininet 명령어 프롬프트로 돌아와서 net 명령어를 이용해 네트워크 요소를 확인해보면 C0(컨트롤러 0) 또한 출력될 것이다. 이제, Mininet의 pingall 명령어를 이용해 토폴로지상의 모든 호스트에 pingall을 해보자.

```
mininet> pingall
```

그 결과는 아래와 같을 것이다.

```
*** Ping: testing ping reachability
h1 -> h2 h3
h2 -> h1 h3
```

```
h3 -> h1 h2
*** Results: 0% dropped (0/6 lost)
```

그리고 오픈플로우 스위치의 플로우 테이블 내용을 보기 위해 dpctl을 이용해 보자.

```
mininet@mininet-vm:~$ dpctl dump-flows tcp:127.0.0.1:6634
```

그 결과는 아래와 같을 것이다.

```
stats_reply (xid=0x2f0cd1c7): flags=none type=1(flow)
   cookie=0, duration_sec=800s, duration_nsec=467000000s, table_id=0,
priority=32768, n_packets=24, n_bytes=1680,
idle_timeout=0,hard_timeout=0,actions=FLOOD
```

여기까지 Mininet에서 실험용 네트워크 토폴로지를 구성하고, 오픈플로우 스위치를 이더넷 허브로 동작하는 POX 컨트롤러에 접속시켜 보았다. 첫 번째 네트워크 애플리케이션인 이더넷 허브에서 확인할 수 있는 흥미로운 점은 단지 12줄의 파이썬 코드(즉, hub.py)로 네트워크에서 이더넷 허브 기능을 실행할 수 있다는 것이다.

학습 스위치 구축하기

이제 오픈플로우 스위치의 동작을 지능이 있는 (학습) 이더넷 스위치로 개선시켜보자. 먼저, 학습 스위치의 동작에 대해 알아보자. 학습 스위치는 어떤 포트로 패킷이 도착하면, 패킷의 발신 호스트가 패킷이 도착한 포트에 위치한다는 것을 학습한다. 이를 바탕으로 학습 스위치는 호스트의 MAC 주소와 해당 호스트가 연결된 스위치의 포트 정보가 저장된 테이블을 검색할 수 있다 . 즉, 학습 스위치는 패킷의 발신지 MAC 주소를 입력 포트 정보와 함께 탐색 테이블에 저장한다. 학습 스위치는 패킷을 수신하면 패킷의 목적지 MAC 주소를 확인하고, 탐색 테이블에 일치하는 항목이 있을 경우 출력 포트 정보를 확인한 후, 패킷을 플러딩하는 대신 해당 출력 포트 정보를 이용해 정확한 목적지 호스트로 바로 전송한다. 오픈플로우 패러다임에서 각각의 입력 패킷은 기본적으로 오픈플로우 스위치의 플로우 테이블에 새로운 룰을 생성한다. 이 행동을 관찰하기 위해 (l2_learning.py에서 구현한) l2_learning 학습 스위치로 실험 네트워크를 재시작한다. l2_learning.py 스크립트에 구현된 학습 스위치 알고리즘은 아래 단계를 포함한다.

- 첫 번째 단계는 패킷의 발신지 MAC 주소와 스위치 포트 정보를 이용해 컨트롤러 내에서 해시 테이블로 관리되는 스위칭 탐색 테이블(즉, 주소/포트 테이블)을 업데이트 하는 것이다.

- 두 번째 단계는 특정 타입의 패킷(LLDP 타입의 패킷이나 브리지에 의해 필터되는 목적지 주소를 가진 패킷)을 폐기하는 것이다.

- 세 번째 단계는 목적지 주소가 멀티캐스트 주소인지 확인하는 것이다. 이 경우 해당 패킷은 플러딩된다.

- 패킷의 목적지 MAC 주소가 주소/포트 테이블에 존재하지 않을 경우, 컨트롤러는 오픈플로우 스위치에게 모든 포트(입력 포트 제외)로 플러딩하라고 지시한다.

- 출력포트가 입력 포트와 같을 경우, 컨트롤러는 스위치에게 루프를 피하기 위해 해당 패킷을 폐기하라고 지시한다.

- 위에서 설명한 모든 경우에 해당하지 않을 경우, 컨트롤러는 스위치에게 발신지 MAC 주소와 대응하는 포트 번호를 이용해 플로우 테이블 항목 수정 명령(즉, flow mod)을 보내, 향후에 지정된 MAC 주소로 가는 패킷은 연관된 출력 포트로 보내도록 지시한다.

학습 스위치의 동작을 확인하기 위해 기존의 구성을 지우고, 실험 네트워크를 다시 시작한다.

```
mininet@mininet-vm:~$ sudo mn -c
... (screen messages are removed)
mininet@mininet-vm:~$ sudo mn --topo single,3 --mac --switch ovsk --
controller remote
```

이제 SSH 터미널을 이용해 Mininet VM에 접속하여, 이더넷 L2(Layer 2) 학습
스위치 알고리즘을 수행하는 POX 컨트롤러를 시작한다.

```
mininet@mininet-vm:~/pox$ ./pox.py forwarding.l2_learning
```

POX 컨트롤러가 시작되면 이더넷 허브 케이스에서와 같이 컨트롤러에 오픈
플로우 스위치가 접속되는 것을 확인할 수 있다. 이제 Mininet 콘솔로 돌아가
서 pingall 명령어를 입력하면 모든 호스트가 서로 연결됨을 확인할 수 있을
것이다.

```
mininet> pingall
```

아래와 같은 결과를 확인할 수 있을 것이다.

```
*** Ping: testing ping reachability
h1 -> h2 h3
h2 -> h1 h3
h3 -> h1 h2
*** Results: 0% dropped (0/6 lost)
```

지금까지 동작은 이더넷 허브 케이스와 유사했다. 그러나 스위치의 플로우 테
이블을 dpctl 프로그램을 이용해 확인해보면, 플로우 테이블 항목들이 다름
을 확인할 수 있다. 사실 플로우 테이블 항목은 다른 목적지 MAC 주소와 해
당 MAC을 목적지로 가지는 입력 패킷이 전달돼야 할 출력 포트정보를 가진
다. 예를 들어, 00:00:00:00:00:03로 가는 패킷은 출력 포트 3번으로 전달될
것이다.

```
mininet@mininet-vm:~$ dpctl dump-flows tcp:127.0.0.1:6634
```

아래와 같은 결과를 확인할 수 있을 것이다.

```
stats_reply (xid=0xababe6ce): flags=none type=1(flow)
    cookie=0, duration_sec=7s, duration_nsec=912000000s, table_id=0,
priority=32768, n_packets=1, n_bytes=98,
idle_timeout=10,hard_timeout=30,icmp,dl_vlan=0xffff,dl_vlan_pcp=0x00,
dl_src=00:00:00:00:00:02,dl_dst=00:00:00:00:00:03,nw_src=10.0.0.2,nw_
dst=10.0.0.3,nw_tos=0x00,icmp_type=0,icmp_code=0,actions=output:3
...
...
(more entries are not shown)
```

이더넷 학습 스위치 기능을 구현한 파이썬 코드(l2_learning.py)를 살펴보자. launch 메소드는 l2_learning 객체를 POX 컨트롤러에 등록한다. l2_learning 객체는 컨트롤러에 연결하는 오픈플로우 스위치로부터 connection up 이벤트를 처리하는 리스너를 추가한다. 그 후 이 객체는 학습 스위치 객체를 만들고, 해당 connection 이벤트를 해당 객체에 전달한다(아래의 강조된 코드를 참고).

```
...
...
class l2_learning (EventMixin):
    """
    오픈플로우 스위치가 연결되기를 기다리고 학습 스위치를 만든다.
    """
    def __init__ (self, transparent):
        self.listenTo(core.openflow)
        self.transparent = transparent

    def _handle_ConnectionUp (self, event):
        log.debug("Connection %s" % (event.connection,))
        LearningSwitch(event.connection, self.transparent)


    def launch (transparent=False):
    """
    L2 학습 스위치를 시작한다.
    """
    core.registerNew(l2_learning, str_to_bool(transparent))
```

학습 스위치(LearningSwitch) 객체를 살펴보면, 초기화 시에 해시 테이블을 생성하고(self.macToPort={}), 패킷-인 메시지를 위한 리스너를 등록한다(connection.addListeners(self)). 그러면 그 아래에서 패킷-인 핸들러 메소드(_handle_PacketIn(self, event))를 확인할 수 있다. 코드에서 학습 스위치 알고리즘 부분은 다음과 같다.

```
self.macToPort[packet.src] = event.port
if not self.transparent:
  if packet.type == packet.LLDP_TYPE or packet.dst.isBridgeFiltered():
    drop()
    return

  if packet.dst.isMulticast():
    flood()
  else:

    if packet.dst not in self.macToPort:
      flood("Port for %s unknown -- flooding" % (packet.dst,))
    else:
      port = self.macToPort[packet.dst]
    if port == event.port:
      log.warning("Same port for packet from %s -> %s on %s. Drop." %
            packet.src, packet.dst, port), dpidToStr(event.dpid))
    drop(10)
    return
    log.debug("installing flow for %s.%i -> %s.%i" %
            (packet.src, event.port, packet.dst, port))
    msg = of.ofp_flow_mod()
    msg.match = of.ofp_match.from_packet(packet)
    msg.idle_timeout = 10
    msg.hard_timeout = 30
    msg.actions.append(of.ofp_action_output(port = port))
    msg.buffer_id = event.ofp.buffer_id
self.connection.send(msg)
```

첫 번째 단계는 주소/포트 해시 테이블을 업데이트하는 것(macToPort[packet.src] = event.port)이다. 이를 통해 발신지 MAC 주소를 스위치가 패킷을 수신한 포트와 연관시킨다. 특정 타입의 패킷들은 폐기된다. 멀티캐스트 트래픽은 적절히 플러딩시킨다. 패킷의 목적지가 주소/포트 해시 테이블에 없다면, 패킷은 플러딩된다. 입력 포트와 출력 포트가 동일하다면(if port == event.port:), 해당 패킷은 루프를 방지하기 위해 폐기된다. 마지막으로, 적절한 플로우 테이블 항목이 오픈플로우 스위치의 플로우 테이블에 설치된다. 요약하면, l2_learning.py 프로그램은 오픈플로우 스위치의 행동을 이더넷 학습 스위치로 바꾸는 논리와 알고리즘을 구현한다. 다음 절에서는 한 단계 더 나아가서 학습 스위치를 간단한 방화벽으로 바꿔본다.

네트워크 애플리케이션 2 – 간단한 방화벽

이번 절에서는 학습 스위치 네트워크 애플리케이션을 확장해, 오픈플로우 컨트롤러(POX)에 설치한 간단한 방화벽 규칙에 기반한 패킷 전달 결정을 하도록 할 것이다. 이번 네트워크 애플리케이션 개발에서 두 가지 중요한 목표가 있다. 첫 번째는 간단히 오픈플로우 컨트롤러의 네트워크 애플리케이션을 바꾸는 것으로 네트워크 장치(오픈플로우 스위치)의 행동을 바꾸는 것이 얼마나 쉬운지를 보여주는 것이다. 두 번째는 POX 컨트롤러에 대해 더 많은 정보를 제공하는 것이다. 간단한 방화벽 네트워크 애플리케이션에서 스위치는 패킷의 발신지 MAC 주소값에 기반해 패킷 폐기나 포워딩 결정을 하게 된다. 실험 네트워크는 앞의 그림에서 보여진 것을 그대로 이용한다. 그러나 l2_learning.py 네트워크 애플리케이션(즉, L2 학습 스위치)을 간단한 방화벽 기능을 수행하도록 확장해야 하고, 이를 위해 l2_learning.py 프로그램을 새로운 이름으로 복사하고(예를 들어, simple_firewall.py), 방화벽 논리와 규칙을 L2 학습 스위치 지능 위에 추가한다. 이 확장은 단순히 입력되는 패킷의 발신지 MAC 주소를 검사하고 방화벽 규칙과 비교 결과에 기반하여 해당 패킷을 전달하거나 폐기한다. 컨트롤러가 해당 패킷을 전달하기로 결정하면, 앞의 L2 스위치 기능을 계속해서 수행한다. 따라서 L2 학습 스위치의 주소/포트 테이블을 업데이트한 후의 새로운 단계는 다음과 같다.

- 입력되는 패킷의 발신지 MAC 주소를 방화벽 규칙과 비교한다.

학습 스위치 코드에 간단히 몇 줄 추가하는 것만으로 이렇게 할 수 있다. 첫 번째로, (스위치, 발신지 MAC) 쌍을 저장할 해시 테이블이 필요하다. 이 테이블은 (스위치, 발신지 MAC) 쌍을 해당 패킷이 전달되어야 하는지 폐기되어야 하는지를 알려주는 참(Ture)이나 거짓(False) 논리 값에 매핑한다. 컨트롤러는 방화벽 해시 테이블 안에 거짓으로 매핑되는 방화벽 항목이 있거나 (FirewallTable(switch, Source MAC) == False), 해당 발신지 MAC 주소에 대해 어떤 방화벽 항목도 없다면 입력되는 패킷을 폐기하도록 결정한다. 컨트롤러는 참으로 매핑되는 방화벽 해시 테이블 항목이 있을 경우에만 트래픽을 전달하도록 결정할 것이다. 이 내용들은 학습 스위치 코드에 아래와 같이 추가될 수 있다.

```
...
    # Initializing our FirewallTable
    self.firewallTable = {}
    # Adding some sample firewall rules
    self.AddRule('00-00-00-00-00-01',EthAddr('00:00:00:00:00:01'))
    self.AddRule('00-00-00-00-00-01',EthAddr('00:00:00:00:00:03'))
...
...
    # Check the Firewall Rules
    if self.CheckFirewallRule(dpidstr, packet.src) == False:
      drop()
      return
```

CheckFirewallRule 메소드가 실제 방화벽 동작을 수행한다. 기본적으로 이 메소드는 방화벽 테이블이 주어진 발신지 MAC 주소에 대해 규칙을 가진 경우 참을 반환한다.

```
# check if the incoming packet is compliant to the firewall rules
before normal proceeding
def CheckFirewallRule (self, dpidstr, src=0):
  try:
    entry = self.firewallTable[(dpidstr, src)]
    if (entry == True):
      log.debug("Rule (%s) found in %s: FORWARD", src, dpidstr)
    else:
      log.debug("Rule (%s) found in %s: DROP", src, dpidstr)
    return entry
  except KeyError:
    log.debug("Rule (%s) NOT found in %s: DROP", src, dpidstr)
  return False
```

이 예제에서 방화벽 정책은 MAC 주소 00:00:00:00:00:01과 00:00:00:00:00:03으로부터 수신된 패킷만 스위치에 의해 전달되고, 다른 트래픽은 폐기하도록 설정되었다. 이제 Mininet을 시작하고, POX 컨트롤러를 새로운 방화벽 네트워크 애플리케이션과 함께 시작해보자.

mininet@mininet-vm:~$ sudo mn --topo single,3 --mac --switch ovsk --controller remote
...

다른 SSH 터미널에서 아래 명령어를 실행한다.

mininet@mininet-vm:~/pox$ ./pox.py log.level --DEBUGforwarding.simple_firewall.py

참고할 점은 POX 컨트롤러에 추가적인 명령어의 파라미터를 이용해 방화벽 네트워크 애플리케이션 실행 중에 상세한 디버깅 메시지를 볼 수 있도록 하였다는 것이다. h2의 트래픽을 전달하는 규칙이 방화벽 테이블에 없기 때문에 h2와 ping이 실패하리라는 것을, 아래 pingall 명령어를 통해 확인해볼 수 있다.

```
mininet> pingall
```

그 결과는 아래와 같다.

```
*** Ping: testing ping reachability
h1 -> X h3
h2 -> X X
h3 -> h1 X
*** Results: 66% dropped (4/6 lost)
```

POX 디버깅 메시지로부터 컨트롤러가 입력되는 패킷의 발신지 MAC 주소값에 따라 서로 다른 패킷을 전달하거나 폐기하도록 결정한 것을 확인할 수 있다. 컨트롤러는 패킷을 전달하도록 결정한 후, 오픈플로우 스위치의 플로우 테이블에 패킷을 전달하도록 허가하는 규칙을 캐싱caching한다. 해당 항목이 플로우 테이블에 있는 한, 해당 플로우 항목과 일치하는 모든 패킷은 스위치에서 바로 전달될 수 있다. 이 캐싱(스위치의 플로우 테이블에 플로우 항목이 존재하는 제한된 기간 동안)은 스위치의 동작 성능에 영향을 준다. 캐싱은 스위치의 플로우 테이블 내에 플로우 항목이 존재한다는 의미이고, 이를 통해 컨트롤러의 개입 없이 고속의 패킷 전송이 가능하다. 플로우(패킷의 트래픽 스트림)의 첫 번째 패킷이 전달 결정을 기다려야 할 때에는 성능이 떨어진다. 이를 일반적으로 플로우의 첫 패킷 딜레이라고 부른다. 호스트 1에서 호스트 3으로 핑해보자. 해당 핑의 결과로부터 첫 패킷의 전송 지연이 높음을 확인할 수 있다. 이는 스위치의 플로우 테이블이 비어있는 상태이고, 이로 인해 오픈플로우 스위치가 컨트롤러에 문의해야 하기 때문이다. 스위치의 플로우 테이블에 명령어가 캐싱되면, 패킷은 스위치에 의해 바로 전달된다. 30초 이후에 해당 플로우 테이블 항목이 만료되면, 다시 두 종단 호스트 사이에 상대적으로 높은 전송 지연을 확인할 수 있다. 이는 다시 해당 트래픽이 컨트롤러로 전송되었기 때문이다. 다음은 이때 사용하는 명령어다.

```
mininet> h1 ping h3
```

그 결과는 아래와 같다.

```
PING 10.0.0.3 (10.0.0.3) 56(84) bytes of data.
64 bytes from 10.0.0.3: icmp_req=1 ttl=64 time=38.6 ms
64 bytes from 10.0.0.3: icmp_req=2 ttl=64 time=0.264 ms
64 bytes from 10.0.0.3: icmp_req=3 ttl=64 time=0.056 ms
...
64 bytes from 10.0.0.3: icmp_req=32 ttl=64 time=26.8 ms
64 bytes from 10.0.0.3: icmp_req=33 ttl=64 time=0.263 ms
64 bytes from 10.0.0.3: icmp_req=34 ttl=64 time=0.053 ms
```

네트워크 애플리케이션 3 – OpenDaylight에서의 간단한 포워딩

4장, '환경 구성'에서 OpenDaylight 컨트롤러 기반의 SDN 실험 환경을 구성하였다. 이번 절에서는 OpenDaylight 배포판에서 제공하는 예제 포워딩 애플리케이션을 살펴볼 것이다. OpenDaylight 컨트롤러는 오픈플로우 네트워크상의 모든 장치들 사이의 플로우에 대한 전달 결정과 플로우 설치를 위한 기본 서비스를 제공하는 Simple Forwarding이라는 네트워크 애플리케이션을 포함한다. 이 애플리케이션은 호스트의 존재를 ARP 메시지를 통해 발견하고 네트워크의 모든 스위치에 목적지 호스트에 대한 플로우 항목을 해당 호스트에 대응되는 출력 포트와 함께 설치한다. SDN 실험 환경 구성에 대한 설명은 4장, '환경 구성'을 참고하기 바란다. 하지만, Mininet 네트워크는 다음 명령을 통해 구성해야 한다.

```
sudo mn --controller=remote,ip=<OpenDaylight IP> --topo tree,3
```

4장에서 설명한 것과 같이 OpenDaylight 컨트롤러와 Mininet을 실행했다면,
OpenDaylight 웹 인터페이스에 로그인해보자. 장치들을 드래그하여 토폴로
지를 논리적인 정렬(트리 토폴로지)에 맞춰 구성하고, 해당 설정을 저장한다. **Add
Gateway IP Address** 버튼을 클릭하여 IP와 10.0.0.254/8의 서브넷을 추가한다
(다음 그림 참고). 이는 오픈플로우 컨트롤러에 대한 요청을 초기화하고 스위치의
플로우 테이블을 업데이트한다.

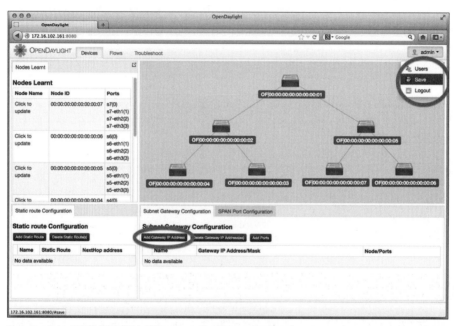

OpenDaylight GUI 웹 인터페이스상의 Mininet 네트워크 트리 토폴로지

Mininet 콘솔에서 모든 호스트가 서로 간에 연결 가능함을 확인하기 위해
pingall 명령어를 실행해보자. **Troubleshoot** 탭을 클릭해 스위치 중 하나의 플
로우 상세를 가져온다. 포트 상세를 살펴보자(다음 그림 참고).

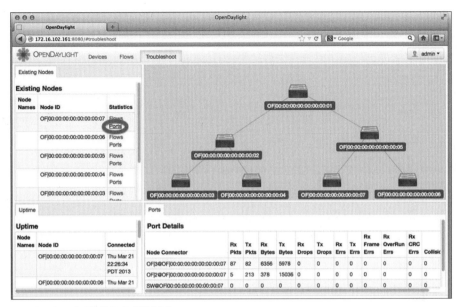

OpenDaylight GUI에서 포트 상세 보기

OSGI 콘솔(ODL 컨트롤러가 시작된 콘솔의 명령어 라인 인터페이스)에서, ss simple을 입력해보자. 다음 그림과 같이 Simple Forwarding 애플리케이션이 ACTIVE 상태임을 확인할 수 있을 것이다.

OSGI 콘솔에서 확인한 Simple Forwarding 애플리케이션의 상태

요약

5장에서는 오픈플로우와 SDN 컨트롤러를 네트워크 애플리케이션 수행을 위한 플랫폼으로 활용하는 간단한 네트워크 애플리케이션을 살펴보았다. 특히, POX 컨트롤러상에서의 간단한 허브 기능으로 시작하여 L2 학습 스위치 기능을 확인하였다. 또한, 이 학습 스위치에 로직을 더해 만든 간단한 방화벽을 통해, 패킷 검사를 쉽게 수행할 수 있음을 살펴봤다. 마지막으로 OpenDaylight SDN 컨트롤러를 활용한 간단한 패킷 포워딩 네트워크 애플리케이션을 보였다. 6장에서는 네트워크 가상화와 네트워크 슬라이스(가상 네트워크)를 얻는 방법에 대해서 살펴볼 것이다.

6 네트워크 슬라이싱

6장에서는 플로우바이저FlowVisor를 통한 네트워크 슬라이싱slicing에 대해서 살펴보고, 아래의 토픽들을 다룬다.

- 네트워크 가상화
- 오픈플로우 기반의 네트워크 슬라이싱을 위한 오픈 소스 툴인 플로우바이저
- 플로우바이저 API, 플로우 매치match, 슬라이스 액션 구조
- Mininet을 이용한 네트워크 슬라이싱

네트워크 가상화

네트워크 가상화Network virtualization는 물리적 네트워킹 인프라에 대한 추상화로 하나의 공통 물리(실제) 인프라 위에서 여러 논리(가상) 네트워크 인프라(예, 스위치, 경로, 링크들의 집합)를 제공한다.

다음 그림은 네트워크 가상화를 컴퓨터 가상화에 비유하여 설명한 것이다.

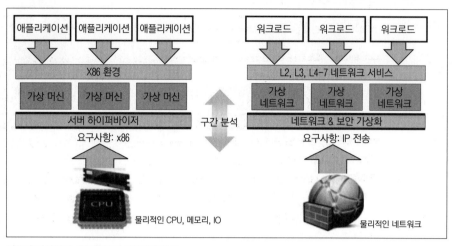

컴퓨터 가상화와 네트워크 가상화의 유사점

그림 왼쪽에서 가상 환경을 제공하는 기존의 컴퓨터 가상화를 볼 수 있다. 이 환경에서 물리 프로세서CPU, 메모리, 입/출력 장치는 가상 머신의 동작을 가능하게 하는 하이퍼바이저hypervisor에 의해 추상화된다. 하이퍼바이저는 독립적인 하부 자원에 대한 접근과 자원 관리를 보장해준다. 마찬가지로 물리 네트워크도 가상화가 가능하다. 그림 오른쪽에서 물리 네트워크 인프라에 대한 독립적인 뷰 제공을 담당하는 네트워크 가상화 계층을 볼 수 있다. 가상 네트워크를 구축하려면 가상 노드를 구성하는 기술(예를 들어, Xen Virtual Machine Monitor, 리눅스 네트워크 네임스페이스, KVMKernel-based Virtual Machine, VMware, 버추얼박스 등)이 필요하다. 가상 링크를 구성하는 다른 방법도 있다. 이러한 기술은 터널링 기술을 기반으로 한다. 첫 번째 방법은 가상 노드의 이더넷 프레임을 IP 패킷 안에 캡슐화하여 네트워크상의 여러 홉을 거칠 수 있도록 하는 것이다. 이 기법은 터널링 기술(예, Ethernet GRE(Generic Routing Encapsulation), VxLAN(Virtual Extensible Local Area Network), STT(Stateless Transport Tunneling), 등)을 이용한 가상 이더넷 링크를 제공한다. 또한, 가상 스위치를 제공하는 OpenvSwitch와 같은 기술도 있다. 잊지 말아야 할 것은 SDN_{Software-Defined Network}은 데이터 평면과 제어 평면을 분리하지만, 네트워크 가상화의 목적은 하나의 물리 네트워킹 인프라상에 여러 개의 가상 네트워크를 구축하는 것이다.

플로우바이저

SDN은 다수의 논리적 컨트롤러를 통해 특정 수준의 논리적 분산화를 가질 수 있다. 플로우바이저_{FlowVisor}라고 부르는 흥미로운 종류의 프록시_{proxy} 컨트롤러를 이용해 오픈플로우 네트워크에 새로운 네트워크 가상화 계층을 추가하고, 여러 컨트롤러가 중복된 물리적 스위치들을 동시에 제어할 수 있다. 초기에는 실험적인 연구를 상용 트래픽을 수용하는 네트워크에서 수행하기 위해 개발되었으나, SDN 환경에서 새로운 서비스를 쉽게 적용하는 데 이용가능하다. 플로우바이저는 다음 그림에 보인 것과 같이 다수의 오픈플로우 스위치와 다수의 오픈플로우 컨트롤러의 중간에서 투명한 프록시의 역할을 수행하는 특별한 오픈플로우 컨트롤러로 생각할 수 있다.

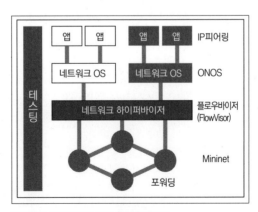

네트워크 슬라이서로서의 플로우바이저

플로우바이저는 네트워크 자원의 '조각들slices'을 만들고, 각 조각의 제어를 서로 다른 컨트롤러에게 위임하고, 각 조각들이 서로 충돌하지 않도록 도와준다. 스탠포트 대학에서 개발한 플로우바이저는 여러 실험자가 인프라에 대한 독립된 조각을 갖고, 자신만의 네트워크 OS와 제어/관리 애플리케이션을 이용해 이를 제어하기를 원하는 실험적인 연구/교육망에서 네트워크 슬라이싱을 지원하기 위해 널리 이용되고 있다. 플로우바이저는 실제 상용 환경에서 실제 네트워크 트래픽을 이용해 네트워크 연구를 수행할 수 있도록 한다. 오픈 소스 프록시 컨트롤러이므로 필요에 따라 코드를 수정할 수 있다. 사용자는 JSONJavaScript Object Notation으로 된 설정 및 모니터링 인터페이스를 이용할 수 있고, 개발자는 자바 프로그래밍 언어를 이용해 누구나 서비스에 맞게 수정할 수가 있다. 네트워크 가상화에 대해서 배울 수 있는 모든 기초적인 SDN 기능을 자유롭게 실험해볼 수 있고, 서비스를 빠르게 배포하기 위한 새로운 방법을 실험해볼 수 있다. 다중 벤더 인프라상에서 실행 가능한 오픈 표준에 기반하고 있기 때문에, 다중 네트워크 OS(예, 오픈플로우 컨트롤러)뿐 아니라, 다중 벤더(예, NEC, HP, Pronto, OVS 등)를 지원한다.

 플로우바이저에 대한 더 많은 정보와 소스코드는 http://www.flowvisor.org에서 확인할 수 있다. 또 다음 경로에서 바이너리 기반 설치 가이드를 찾을 수 있다.
  • http://github.com/OPENNETWORKINGLAB/flowvisor/wiki/Installation-from-Binary

플로우바이저 API

플로우바이저는 네트워크 자원의 조각을 제공할 수 있고, 각 조각에 대한 제어를 서로 다른 오픈플로우 컨트롤러에 전달한다. 조각은 1 계층에서 4 계층을 포함하는 패킷 콘텐츠의 조합으로 정의 가능하다.

  ● 스위치 포트(1 계층)

  ● 발신지/목적지 이더넷 MAC 주소나 이더넷 타입(2 계층)

- 발신지/목적지 IP 주소나 타입(3 계층)

- 발신지/목적지 TCP/UDP 포트나 ICMP 코드/타입(4 계층)

플로우바이저는 조각간의 분리isolation를 제공한다. 여기서 분리는 한 조각의 데이터 트래픽이 다른 조각의 호스트에게 보이지 않음을 의미한다. 플로우바이저 API는 XML-RPC에서 JSON으로 바뀌고 있다. XML-RPC API는 그대로 유지하나 더 이상 사용되지 않는deprecated 상태로 유지하고, 결국에는 API에서 제거될 것이다. 플로우바이저 사용자들은 플로우바이저 API에 대한 의존성을 JSON 인터페이스로 이전하기를 권장한다. API 구문은 일부 변경될 수 있고, 업데이트된 구문은 최신 플로우바이저 문서에서 확인할 수 있다. 플로우바이저 API에 접근하기 위해 fvctl이라는 명령어 라인 툴을 이용하는데, 예를 들어, 다음 명령어는 fvctl 명령어를 이용해 list-slices를 실행하는 방법을 보여준다.

```
$ fvctl list-slices
```

플로우바이저 API에는 다음 명령어가 포함된다.

- list-slices 명령은 현재 구성된 조각의 목록을 확인하기 위해 이용할 수 있다.

- list-slice-info <slicename> 명령은 지정된 조각의 제어를 담당하는 URL 주소를 보여준다. 추가로, 해당 조각을 생성한 소유자 정보와 연락처 정보를 보여준다.

- add-slice <slicename> <controller_url> <email> 명령은 새로운 조각을 생성한다. 조각명에는 !, :, =, [,]나 개행문자 등 특수 문자를 포함할 수 없다. 컨트롤러의 URL 주소 포맷은 tcp:127.0.0.1:12345와 같이 tcp:hostname[:port] 형태로 지정할 수 있다. 지정되지 않으면 기본 포트로 6633을 이용한다. 이메일 주소는 해당 조각의 관리용 연락처로 사용된다.

- `list-slices` 명령은 현재 구성된 조각의 목록을 확인하기 위해 이용할 수 있다.

- `update-slice <slicename> <key> <value>` 명령을 이용해 조각의 사용자는 자신의 조각에 연관된 정보를 수정할 수 있다. 이 글을 쓰는 시점에서 `contact_email`, `controller_host`, `controller_port`만을 수정할 수 있다.

- `list-flowspace` 명령은 플로우스페이스flowspace라고 불리는 플로우 기반 슬라이스 정책을 출력한다.

- `remove-slice <slicename>` 명령은 지정된 조각을 지우고, 해당 조각에 대응되는 모든 플로우스페이스를 해제한다.

- `update-slice-password <slicename>` 명령은 지정된 slicename에 연계된 암호를 변경한다.

- `add-flowspace <NAME> <DPID> <PRIORITY> <FLOW_MATCH> <SLICEACTIONS>` 명령은 새로운 조각 정책(플로우스페이스)을 주어진 이름으로 생성한다. `DPID`, `FLOW_MATCH`와 `SLICEACTIONS`의 포맷은 다음 절에서 설명한다.

- `update-flowspace <NAME> <DPID> <PRIORITY> <FLOW_MATCH><SLICEACTIONS>` 명령은 이름 파라미터로 지정된 조각 정책을 지정된 파라미터로 구성된 새로운 정책으로 수정한다. `DPID`, `FLOW_MATCH`와 `SLICEACTIONS`의 포맷은 다음 절에서 설명한다.

- `remove-flowspace <NAME>` 명령은 지정된 이름의 정책을 삭제한다.

FLOW_MATCH 구조

플로우가 입력되는 패킷과 어떻게 일치하는지는 다음의 필드 할당에서 설명한다. `FLOW_MATCH` 필드는 플로우 정의 구문에서 해당 필드에 대해 값을 할당하는 내용이 삭제되면 이를 와일드카드로 여긴다. 따라서, 모든 필드가 삭제되면 그 결과로 정의된 플로우에는 모든 패킷이 일치한다. all이나 any는 모든 패킷에 일치하는 플로우를 지정할 때 이용할 수 있다.

- in_port=port_no 할당은 물리 포트 port_no를 입력되는 패킷의 포트 번호와 일치시킨다. 스위치 포트에는 번호가 할당되어 있고, fvctl getDeviceInfo DPID 명령에서 이를 확인할 수 있다.

- dl_vlan=vlan 할당은 IEEE 802.1Q 가상 LAN 태그 vlan을 입력되는 패킷의 VLAN 값과 일치시킨다. 패킷을 일치시키기 위해 VLAN 태그가 없는 경우에는 vlan 파라미터 값으로 0xffff를 지정할 수 있다. 그렇지 않으면 12비트 VLAN ID와 일치시킬 0에서 4095 사이의 숫자를 지정할 수 있다.

- dl_src=mac 할당은 이더넷 발신지 MAC 주소 mac과 일치시킨다. MAC 주소는 00:0A:E4:25:6B:B0와 같이 콜론으로 구분되는 6쌍의 16진수 숫자로 지정된다.

- dl_dst=mac 할당은 이더넷 목적지 MAC 주소 mac과 일치시킨다.

- dl_type=ethertype 할당은 이더넷 프로토콜 타입 ethertype과 일치시키는데, 이 값은 10진수나 접두어로 0x가 붙은 16진수(예, ARP 패킷의 경우 0x0806)로 표시된 0에서 65535 사이의 숫자로 지정된다.

- nw_src=ip[/netmask] 할당은 IPv4 발신지 주소 ip와 일치시킨다(예를 들어, IP 주소 192.168.0.1). netmask 옵션은 IPv4 주소의 접두사에 대한 일치 메커니즘을 제공한다. netmask는 192.168.1.0/24과 같이 CIDR-스타일로 지정된다.

- nw_dst=ip[/netmask] 할당은 IPv4 목적지 주소 ip와 입력되는 패킷의 목적지 주소를 일치시킨다. netmask 옵션은 192.168.1.0/24와 같은 접두사에 대한 일치 메커니즘을 제공한다.

- `nw_proto=proto` 할당은 IP 프로토콜 타입 proto 필드와 일치시키는데, 이 값은 0에서 255 사이의 정수로 지정된다(예, TCP 패킷의 경우 6).

- `nw_tos=tos/dscp` 할당은 IPv4 헤더의 ToS/DSCP 필드값 tos/dscp를 입력되는 패킷의 동일한 값과 일치시킨다. 이 값은 0에서 255 사이의 정수로 지정된다.

- `tp_src=port` 할당은 전송 계층(예, TCP, UDP나 ICMP) 발신지 포트 port와 일치시킨다. 이 값은 0에서 65535 사이(TCP, UDP의 경우)나 0에서 255 사이(ICMP의 경우)의 정수로 지정된다.

- `tp_dst=port` 할당은 전송 계층 목적지 포트와 일치시킨다. 이 값은 전송 계층 소스 포트에 언급된 범위와 동일한 범위의 값으로 지정된다.

슬라이스 액션 구조

슬라이스 액션은 지정된 플로우스페이스에 대해 제어를 갖는 슬라이스의 목록이다. 이 목록은 콤마로 분리되고, 슬라이스 액션은 Slice:slicename1=perm[Slice:slicename2=perm[...]]의 형태를 갖는다. 각 조각은 플로우스페이스에 대해 DELEGATE, READ, WRITE의 세 가지 타입의 접근 권한을 갖는다. 접근 권한은 현재 비트마스크bitmask 값으로 지정된다. 할당된 값은 DELEGATE=1, READ=2, WRITE=4이다. 따라서 Slice:alice=5,bob=2와 같은 슬라이스 액션은 alice의 조각에 DELEGATE와 WRITE 권한(1+4=5)을 주고, bob의 조각에는 READ 권한만을 준다.

플로우바이저 슬라이싱

이번 절에서는 오픈플로우 네트워크를 슬라이싱하는 방법과 물리 인프라상에서 논리 네트워크들을 만드는 방법, 그리고 각 조각을 오픈플로우 컨트롤러에 의해 제어되도록 하는 방법을 배운다. 또한 이 과정에서 플로우스페이스의 개념과 오픈플로우의 논리적으로 집중된 제어가 어떻게 융통성 있는 네트워크 슬라이싱을 제공하는지를 알게 될 것이다. 이를 연습할 수 있는 오픈플로우 스위치 4개와 호스트 4개로 구성되는 네트워크 토폴로지를 다음 그림에서 확인할 수 있다. 스위치 s1과 s4는 s2를 통한 저대역폭의 링크(즉, 1Mbps에 다음의 Mininet 토폴로지 스크립트에서 LBW_path로 정의되는)로 서로 연결되고, 또한 s3를 통한 고대역폭의 링크(즉, 10Mbps에 Mininet 스크립트에서 HBW_path로 정의되는)로 연결된다.

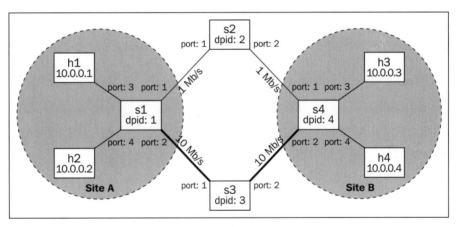

네트워크 토폴로지

이 네트워크 토폴로지는 다음의 Mininet 스크립트를 통해 구성될 수 있다(flowvisor_topo.py 파일이 현재 디렉토리에 존재한다는 가정하에). Mininet 설치방법은 2장, '오픈플로우 스위치 구현'에서 설명했고, 4장, '환경 구성'에서 오픈플로우 실험환경의 일부로 활용되었다.

```
$ sudo mn --custom flowvisor_topo.py --topo slicingtopo --link tc
--controller remote --mac --arp
```

이 맞춤형 파이썬 스크립트는 Mininet 명령어 라인에서 이용 가능한 slicingtopo라는 이름의 토폴로지를 정의한다.

```python
#!/usr/bin/python
# flowvisor_topo.py
from mininet.topo import Topo
class FVTopo(Topo):
    def __init__(self):
        # Initialize topology
        Topo.__init__(self)
        # Create template host, switch, and link
        hconfig = {'inNamespace':True}
        LBW_path = {'bw': 1}
        HBW_path = {'bw': 10}
        host_link_config = {}
        # Create switch nodes
        for i in range(4):
            sconfig = {'dpid': "%016x" % (i+1)}
            self.addSwitch('s%d' % (i+1), **sconfig)
        # Create host nodes (h1, h2, h3, h4)
        for i in range(4):
            self.addHost('h%d' % (i+1), **hconfig)
        # Add switch links according to the topology
        self.addLink('s1', 's2', **LBW_path)
        self.addLink('s2', 's4', **LBW_path)
        self.addLink('s1', 's3', **HBW_path)
        self.addLink('s3', 's4', **HBW_path)
        # Add host links
        self.addLink('h1', 's1', **host_link_config)
        self.addLink('h2', 's1', **host_link_config)
        self.addLink('h3', 's4', **host_link_config)
        self.addLink('h4', 's4', **host_link_config)
topos = { 'slicingtopo': ( lambda: FVTopo() ) }
```

네트워크 토폴로지를 구성한 이후의 단계는 플로우바이저를 위한 설정을 생성하는 것으로 새로운 콘솔 터미널에서 실행된다. 플로우바이저는 이미 새로운 가상 머신에 설치되었다고 가정하고, 다음 명령어는 이 설정을 생성한다.

```
$ sudo -u flowvisor fvconfig generate /etc/flowvisor/config.json
```

관리자용(fvadmin) 암호를 입력하라는 프롬프트가 나오면 엔터키를 입력하여 빈칸으로 남겨둘 수 있다. 이 설정을 활성화하기 위해 플로우바이저를 시작해보자.

```
$ sudo /etc/init.d/flowvisor start
```

fvctl 유틸리티를 이용해 플로우바이저 토폴로지 컨트롤러를 활성화시켜보자. -f 명령어 파라미터는 패스워드 파일을 지정한다. 플로우바이저에 암호를 설정하지 않았기 때문에, 패스워드 파일은 /dev/null로 지정할 수 있다. 이러한 변경사항을 활성화시키려면 플로우바이저를 다시 시작해야 한다.

```
$ fvctl -f /dev/null set-config --enable-topo-ctrl
$ sudo /etc/init.d/flowvisor restart
```

Mininet의 모든 오픈플로우 스위치는 플로우바이저가 시작되면 플로우바이저에 연결되어야 한다. 플로우바이저의 설정을 확인하여, 플로우바이저가 정상적으로 실행 중인지를 확인할 수 있다.

```
$ fvctl -f /dev/null get-config
```

만약 정상적으로 실행 중이라면 다음의 스크린 출력과 유사한 플로우바이저 설정(JSON 포맷의)을 보게 될 것이다.

```
{
  "enable-topo-ctrl": true ,
  "flood-perm": {
    "dpid": "all",
    "slice-name": "fvadmin"
  },
  "flow-stats-cache": 30,
  "flowmod-limit": {
    "fvadmin": {
      "00:00:00:00:00:00:00:01": -1,
      "00:00:00:00:00:00:00:02": -1,
      "00:00:00:00:00:00:00:03": -1,
      "00:00:00:00:00:00:00:04": -1,
      "any": null
    }
  },
  "stats-desc": false,
  "track-flows": false
}
```

JSON 포맷의 플로우바이저 설정

다음 명령을 이용해 현재 존재하는 조각들의 목록을 확인하고, fvctl 명령의 출력에 fvadmin(기본 조각)만 존재하는지 확인해보자.

```
$ fvctl -f /dev/null list-slices
```

다음 명령을 실행하여 현재 존재하는 플로우스페이스를 출력하고 기존 플로우스페이스가 없음을 확인해보자.

```
$ fvctl -f /dev/null list-flowspace
```

데이터패스의 목록을 나열함으로써 모든 스위치가 플로우바이저에 연결됐음을 확인할 수 있다. fvctl 명령을 통해 이를 확인할 수 있다. 이 명령을 실행하기 전에 잠깐 기다리는 것이 좋다. 이는 각 스위치(s1, s2, s3, s4)가 플로우바이저에 연결하기 위해 충분한 시간을 주기 위함이다.

```
$ fvctl -f /dev/null list-datapaths
```

다음 단계로 모든 네트워크 링크가 활성화 상태인지를 확인해보자.

```
$ fvctl -f /dev/null list-links
```

이 명령의 결과는 서로 연결된 DPID와 발신지, 목적지 포트를 출력할 것이다.

이제 네트워크를 슬라이싱할 준비가 되었다. 이번 실험에서는 두 개의 물리적 조각을 생성하고 다음 그림과 같이 각각 Upper와 Lower 조각이라 부를 것이다.

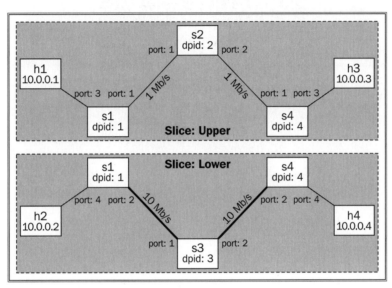

실험 네트워크의 Upper와 Lower 조각

각 조각은 서로 다른 컨트롤러에 의해 제어될 수 있고, 각 컨트롤러는 자신의 조각 내의 모든 패킷 트래픽을 제어할 것이다. 다음 명령은 upper라는 이름의 조각을 생성하고, 이를 tcp:localhost:10001의 컨트롤러에 연결한다.

```
$ fvctl -f /dev/null add-slice upper tcp:localhost:10001 admin@upperslice
```

관리자 암호 입력 프롬프트가 뜨면 엔터키를 입력하여 조각 관리자 암호를 비워두자. 마찬가지로 lower라는 이름의 조각을 생성하고, 이를 tcp:localhost:10002의 컨트롤러에 연결한다. 관리자 암호 입력 프롬프트가 뜨면 다시 엔터키를 입력하여 조각 관리자 암호를 비워두자.

```
$ fvctl -f /dev/null add-slice lower tcp:localhost:10002 admin@
lowerslice
```

이제 `list-slices` 명령을 실행하여 조각들이 성공적으로 추가되었는지 확인한다.

```
$ fvctl -f /dev/null list-slices
```

기본 fvadmin 조각 외에도 upper와 lower 조각을 볼 수 있어야 하고, 모두 활성화된 상태여야 한다. 다음 단계로 플로우스페이스를 생성하자. 플로우스페이스는 특정 타입의 패킷을 지정된 조각에 연결한다. 하나의 패킷이 하나 이상의 플로우스페이스에 일치하면, 플로우바이저는 가장 높은 우선순위의 플로우스페이스에 이를 할당한다. 플로우스페이스의 내용은 콤마로 구분된 field=value 할당들로 구성된다. 다음과 같이 입력하여 add-flowspace 명령에 대해 더 많은 내용을 확인할 수 있다.

```
$ fvctl add-flowspace -h
```

이제 스위치 S1의 포트 1의 모든 트래픽을 네트워크 토폴로지의 upper 조각에 연결해주는 dpid1-port1이라는 이름의 플로우스페이스(우선순위 1로)를 생성하자. 이는 다음 명령을 실행하여 처리할 수 있다.

```
$ fvctl -f /dev/null add-flowspace dpid1-port1 1 1 in_port=1 upper=7
```

이 명령에서 upper 조각에 모든 권한을 주었다(DELEGATE, READ와 WRITE(1 + 4 + 2 = 7). 유사한 방법으로 스위치 S1의 포트 3의 모든 트래픽을 네트워크의 upper 조각에 연결해주는 dpid1-port3라는 이름의 플로우스페이스를 생성하자.

```
$ fvctl -f /dev/null add-flowspace dpid1-port3 1 1 in_port=3 upper=7
```

일치할 플로우 값으로 any를 이용해 스위치의 모든 트래픽과 일치하는 플로우스페이스를 생성할 수 있다. 따라서 다음 명령을 실행하여 스위치 S2를 upper 조각에 추가하자.

```
$ fvctl -f /dev/null add-flowspace dpid2 2 1 any upper=7
```

이제, 스위치 S4의 포트 1과 3을 upper 조각에 추가하기 위해 두 개의 플로우스페이스(dpid4-port1과 dpid4-port3)를 더 생성하자.

```
$ fvctl -f /dev/null add-flowspace dpid4-port1 4 1 in_port=1 upper=7
$ fvctl -f /dev/null add-flowspace dpid4-port3 4 1 in_port=3 upper=7
```

다음 명령을 실행하여 이 플로우스페이스들이 정상적으로 추가됐는지 확인하자.

```
$ fvctl -f /dev/null list-flowspace
```

방금 생성한 총 다섯 개의 플로우스페이스를 확인할 수 있어야 한다. 이제 lower 조각을 위한 플로우스페이스를 생성하자.

```
$ fvctl -f /dev/null add-flowspace dpid1-port2 1 1 in_port=2 lower=7
$ fvctl -f /dev/null add-flowspace dpid1-port4 1 1 in_port=4 lower=7
$ fvctl -f /dev/null add-flowspace dpid3 3 1 any lower=7
$ fvctl -f /dev/null add-flowspace dpid4-port2 4 1 in_port=2 lower=7
$ fvctl -f /dev/null add-flowspace dpid4-port4 4 1 in_port=4 lower=7
```

다시 플로우스페이스들이 정상적으로 추가됐는지 확인하자.

```
$ fvctl -f /dev/null list-flowspace
```

이제 upper 조각과 lower 조각에 대응하여 10001과 10002 포트에서 동작하는 두 개의 오픈플로우 컨트롤러를 로컬 호스트에서 실행할 수 있다. 패킷의 목적지 MAC 주소에 기반하여 반응형으로 경로를 설치하는 작은 네트워크 애플리케이션을 작성해야 한다. 잠시 기다리면 두 컨트롤러 모두 플로우바이저에 연결된다. 이제 호스트 h1이 h3로 ping이 가능하나 h2와 h4 등으로는 핑이 안 됨을 확인할 수 있다.

다음 명령을 Mininet 콘솔에서 실행하자.

```
mininet> h1 ping -c1 h3
mininet> h1 ping -c1 -W1 h2
mininet> h1 ping -c1 -W1 h4
```

h2는 h4로 ping이 가능하나 h1과 h3 등으로는 핑이 안 됨을 확인해보자. 다음 명령을 Mininet 콘솔에서 실행하자.

```
mininet> h2 ping -c1 h4
mininet> h2 ping -c1 -W1 h1
mininet> h2 ping -c1 -W1 h3
```

여기까지 스위치 포트를 이용한 간단한 네트워크 슬라이싱을 살펴보았다. 다른 슬라이싱 정책을 정의하고 새로운 네트워크 애플리케이션을 개발함으로써 각 조각에 대해 흥미롭고 혁신적인 서비스를 제공할 수 있다. 예를 들어, 트래픽들을 차별화하고, 그에 따라 upper와 lower 네트워크 조각 내에서 처리를 다르게 할 수 있다. 이 부분은 숙제로 남겨두도록 하겠다.

요약

6장에서는 네트워크 가상화의 개념을 소개하고, 오픈플로우 기반 네트워크에서 네트워크 슬라이싱 도구인 플로우바이저의 역할과 기능에 대해서 살펴보았다. 플로우바이저 API와 플로우 일치와 슬라이스 액션을 위한 관련된 구조들을 살펴보고, 사용 예에 기반한 실험을 통해 이를 설명하였다. 이제 네트워크를 슬라이싱하고, 각 조각을 혁신적인 방법으로 제어할 수 있는 툴을 알아볼 차례다. 7장에서는 클라우드 컴퓨팅에서의 오픈플로우와 SDN의 역할을 살펴볼 것이다.

7

클라우드 컴퓨팅에서의
오픈플로우

7장에서는 클라우드 컴퓨팅에서의 오픈플로우 역할에 대해서 집중하고 특히 뉴트론Neutron의 설치와 설정을 다룬다. SDNSoftware Defined Networking과 오픈플로우의 전망 중 하나는 데이터 센터와 클라우드 컴퓨팅 인프라에 대한 개선이다. 그러므로 데이터 센터 내에서의 오픈플로우의 사용에 대해서 알아보고, 특히 클라우드 컴퓨팅에서 널리 이용되는 제어 및 관리 소프트웨어 중 하나로 오픈스택OpenStack을 다루는 것은 의미가 있다. 7장에서는 오픈스택에 대한 간단한 소개와 그 네트워킹 컴포넌트(이 글을 쓰는 시점에 뉴트론이라고 불리는), 그리고 오픈스택의 전체 구조를 다룬다. 특히 7장에서는 플러드라이트 오픈플로우 컨트롤러 플러그인의 설치와 구성에 대해 설명한다. 관심 있는 독자는 오픈스택 네트워킹 문서를 통해 더 상세한 내용을 살펴보기를 추천한다.

오픈스택과 뉴트론

오픈스택은 클라우드 컴퓨팅 시스템 소프트웨어(클라우드 컴퓨팅 OS라고도 불리는)로 서비스로서의 인프라IaaS, Infrastructure as a Service를 제공한다. 아파치 라이선스에 기반하고 있기 때문에 오픈스택은 무료 오픈 소스 소프트웨어다. 오픈스택 파운데이션은 2012년 9월에 비영리 기관으로 설립돼 오픈스택 프로젝트를 관리한다. 오픈스택 파운데이션은 오픈스택과 그 개발자 커뮤니티를 지원한다. 오픈스택은 여러 개의 요소 프로젝트의 집합으로 데이터 센터 내의 컴퓨팅 노드(프로세싱 노드), 저장소, 네트워킹 자원의 풀pool을 제어한다. 오픈스택은 관리자가 웹 기반의 GUI를 통해 앞에서 언급된 자원을 제어하고 제공할 수 있는 대시보드를 제공한다.

다음 그림은 오픈스택의 모듈화된 구조와 그 구성 요소(그리고 그 코드명)를 보여준다.

오픈스택의 주요 구성 요소

오픈스택 컴퓨트(Nova)는 IaaS 시스템의 주요 부분으로 클라우드 컴퓨팅 구조 컨트롤러다. Nova는 파이썬으로 작성되었고 SQLAlchemy(데이터베이스 접근), Kombu(메시지 큐잉 프로토콜 통신), Eventlet(병행 프로그래밍) 등 많은 외부 라이브러리를 사용한다. Nova는 컴퓨터 자원의 풀을 관리하고 자동화할 수 있으며,

많이 이용되는 가상화 기술이나 고성능 컴퓨팅HPC 기술과 함께 이용 가능하다. Nova는 상용 컴퓨터들을 특별한 하드웨어나 소프트웨어 의존성 없이 수평적으로 확장할 수 있도록 설계되었고, 또한 서드파티third party 기술과 기존 시스템을 연동하는 능력을 제공하도록 설계되었다. Xen 서버와 KVM은 LXC와 Hyper-V와 같은 리눅스 컨테이너 기술과 함께 일반적으로 많이 이용되는 하이퍼바이저 기술이다.

오픈스택은 저장소 관리를 위해 두 가지 컴포넌트를 활용한다.

- Swift: 이것은 객체 저장소 관리에 이용된다. Swift는 오픈스택 객체 저장소로도 알려져 있는 확장 가능한 저장소 시스템이다. 파일과 객체는 데이터 센터 내의 여러 서버에 존재하는 여러 디스크에 쓰여진다. 오픈스택 소프트웨어는 데이터 일관성과 클러스터 간의 복제를 관리한다. 새로운 서버를 추가함으로써 저장소 클러스터는 간단하게 수평으로 확장된다. 서버나 하드 디스크가 고장 나면, 오픈스택은 그 콘텐츠를 복제하여 다른 액티브 노드 클러스터의 새로운 위치에 복제한다. 오픈스택은 서로 다른 장치 간의 데이터 분배와 데이터 복제에 소프트웨어 알고리즘을 이용하기 때문에, 스토리지 관리에 저렴한 상용 하드 디스크와 서버를 이용할 수 있다.

- Cinder: Cinder는 오픈스택 컴퓨트 인스턴스가 이용할 수 있는 지속적인 블록 수준의 저장 장치를 제공한다. Cinder는 오픈스택 블록 저장소라고도 알려져 있다. 이 블록 저장소 시스템은 서버에 대해 블록 장치를 생성, 연결, 그리고 분리하는 작업을 담당한다. 블록 저장소는 확장 가능한 파일 시스템이나, 데이터베이스 저장소와 같이 성능에 민감한 상황이나 서버에 직접 블록 레벨 저장 장치를 제공하는 데 적합하다. 블록 저장소 볼륨은 Nova(오픈스택 컴퓨트)와 오픈스택 대시보드에 완전히 통합되어 있다. 이것은 클라우드 사용자가 자신의 저장 공간 요구사항을 쉽게 관리할 수 있도록 한다. 블록 저장소 볼륨에 저장된 데이터를 백업하는 강

력한 기능은 스냅샷 관리로 제공된다. 스냅샷은 새로운 블록 저장소 볼륨을 생성하는데 이용할 수도 있고, 간단히 복구할 수도 있다.

Horizon은 오픈스택 대시보드다. 이것은 사용자와 관리자가 클라우드 기반 자원을 공급하고, 자동화하고, 접근하기 위해 이용하는 GUI다. Horizon에는 제 3자에 의해 제공되는 모니터링, 빌링과 추가적인 관리 툴 등을 통합하여 사용할 수 있다. 오픈스택 API나 아마존 EC2 호환 API를 이용해 개발자들은 자원 관리를 자동화하거나 자원 관리를 위한 툴을 직접 개발할 수 있다. 오픈스택 API는 아마존 S3와 EC2 와 호환성을 갖는다. 따라서 아마존 웹 서비스를 위해 개발된 클라이언트 애플리케이션들은 오픈스택에서도 활용 가능하다.

Keystone(오픈스택 계정 관리 컴포넌트)은 사용자에 대한 중앙 디렉토리를 제공하는데, 각 사용자들이 접근 가능한 오픈스택 서비스와 연결 관계를 관리한다. 또한, 클라우드 운영 시스템을 위한 공통 인증 시스템 기능을 담당한다. LDAP과 같은 기존 백엔드 디렉토리 서비스와 통합할 수도 있다. 표준 사용자 이름과 패스워드 인증방식, 토큰 기반의 시스템 그리고 아마존 웹 서비스 로그인은 Keystone이 지원하는 다양한 인증 메커니즘들이다.

Glance(오픈스택 이미지 서비스)는 서버 이미지와 디스크에 대한 탐색, 등록, 전달 서비스를 제공한다. 저장된 서버 이미지는 템플릿으로 이용할 수 있다. 무한한 수의 백업을 저장하고 목록을 관리하는데 이용할 수도 있다. Glance는 디스크와 서버 이미지를 Swift가 포함된 다양한 백엔드에 저장할 수 있다. Glance는 디스크 이미지에 대한 정보를 질의하기 위한 표준 REST_{Representational State Transfer} 인터페이스를 제공하며, 클라이언트가 디스크 이미지를 새로운 서버로 전송할 수 있다.

뉴트론(이전에 Quantum으로 알려진)은 오픈스택의 네트워킹 컴포넌트이다. 이것은 네트워크와 IP 주소를 관리한다. Folsom 배포판부터 뉴트론은 오픈스택 플랫폼의 핵심 파트가 되었다. 클라우드 운영 시스템의 다른 컴포넌트와 마찬가지로 관리자와 사용자는 뉴트론을 이용해 데이터 센터 내 기존 자원의 활용도를 높일 수 있다. 뉴트론은 다른 오픈스택 서비스에 의해 관리되는 인터페이스 장치들(예, vNIC) 간의 NaaS~Networking as a Service~를 제공한다. 오픈스택 뉴트론은 서로 다른 사용자 그룹이나 애플리케이션을 위한 네트워킹 모델을 제공한다. 서로 다른 서버들 사이의 네트워크 트래픽을 분리하기 위한 표준 모델은 VLAN과 플랫~flat~ 네트워크가 있다. 뉴트론은 또한 IP 주소 관리 기능을 제공하는데, 정적 IP 할당이나 DHCP 기반 IP 주소 할당이 가능하다. 플로팅~floating~ IP 주소는 패킷이 동적으로 컴퓨팅 노드 중 어느 것으로든 전송될 수 있도록 지원하여 VM 마이그레이션 시의 트래픽 전송, 유지보수, 장애 처리를 용이하게 한다. 뉴트론의 확장성 있는 구조는 방화벽, 침입 탐지 시스템~IDS~, VPN~Virtual Private Networks~와 로드 밸런싱 등의 추가적인 네트워크 서비스를 배포하고 관리하기 위한 길을 열었다. 오픈스택의 네트워킹 컴포넌트는 오픈스택 사용자에게 다양한 네트워킹 토폴로지를 구축하고, 다계층의 웹 애플리케이션 토폴로지를 구축하기 위해, 복잡한 네트워크 정책을 설정하기 위한 API를 제공한다. 뉴트론의 모듈화된 구조는 진보된 네트워크 능력(예를 들어, 4096 VLAN 한계를 해결하기 위한 L2-in-L3 터널링, 종단간 QoS 보장, 그리고 NetFlow와 오픈플로우 플러그인과 같은 모니터링 프로토콜의 활용 등)을 제공하는 새로운 플러그인의 개발을 용이하게 한다. 게다가, 개발자들은 플러그인을 이용해 오픈스택 테넌트~tenant~ 네트워크에 통합되는 발전된 네트워크 서비스를 개발할 수 있다. 예를 들어, 서비스로의 데이터 센터간 연결~data-center-interconnect-aaS~, 서비스로의 IDS~IDS-aaS~, 서비스로의 방화벽~firewall-aaS~, 서비스로의 VPN~VPNaaS~, 그리고 서비스로의 로드 밸런싱~load-balancing-aaS~은 전형적인 발전된 서비스다. 관리자는 SDN 기술을 통해 높은 수준의 멀티테넌시~multitenancy~와 확장성을 제공할 수 있고, 사용자는 뉴트론을 이용해 자신의 네트워크를 생성하고, 트래픽을 제어하고, 서버와 장치를 하나 또는 여러 개의 네트워크에 연결할 수 있다.

오픈스택 네트워킹 구조

뉴트론은 플러그인을 통해 다양한 네트워킹 기술을 백엔드로 활용할 수 있다. 이 플러그인들은 독립적으로 배포될 수도 있고, 뉴트론 메인 배포판에 포함될 수도 있다. 오픈스택 네트워킹(Neutron)은 네트워크 연결성이나 주소를 정의하기 위해 다른 오픈스택 서비스(오픈스택 컴퓨트와 같은)의 장치들이 이용할 수 있는 효율적인 API를 제공하는 가상 네트워크 서비스다. 오픈스택 네트워킹 API는 가상 네트워크, 서브넷, 그리고 포트에 대한 추상화를 통해 네트워킹 자원을 표현한다. 오픈스택 네트워킹 생태계의 특징은 다음과 같다.

- 네트워크는 물리적인 네트워킹에서 VLAN과 유사한 독립적인 L2 세그먼트이다.

- 서브넷은 IPv4나 IPv6 주소 블록과 관련된 설정 값이다.

- 포트는 가상 네트워크에 가상 서버의 NIC와 같은 단일 장치를 연결하기 위한 연결점으로 정의된다. 또한 포트는 해당 포트와 연계된 네트워크 설정 파라미터(MAC이나 IP 주소 같은)를 표현한다.

네트워크와 서브넷을 생성하고 설정함으로써, 사용자는 다양한 네트워크 토폴로지를 구성할 수 있다. 그리고 오픈스택 컴퓨트와 같은 오픈스택 서비스의 가상 인터페이스를 이 네트워크의 포트에 연결할 수 있다. 뉴트론은 특히 각 테넌트가 여러 개의 사설 네트워크를 갖는 것을 지원하고, 각 테넌트가 자신의 IP 주소지정 방식을 선택할 수 있도록 지원한다. 오픈스택 네트워킹 서비스의 특징은 다음과 같다.

- 다계층의 웹 애플리케이션을 구축하고, 애플리케이션의 IP 주소에 대한 수정 없이 클라우드로 이전하는 것과 같은 진보된 클라우드 네트워킹 시나리오를 지원한다.

- 클라우드 관리자가 유연하고 맞춤형 네트워크를 제공할 수 있도록 한다.

- 클라우드 관리자가 추가적인 API 기능을 제공할 수 있도록 API 확장을 제공한다. 새로운 기능들은 일반적으로 API 확장으로 제공되고, 점진적으로 핵심 오픈스택 네트워킹 API의 일부가 될 것이다.

원래 오픈스택 컴퓨트 네트워크는 IP 테이블과 리눅스 VLAN을 통한 매우 간단한 트래픽 분리 모델을 구현한다. 오픈스택 네트워킹은 오픈스택 네트워킹 API의 백엔드 구현인 플러그인의 개념을 도입하였다. 플러그인은 논리적 API 요청을 구현하기 위해 서로 다른 기술을 이용할 수 있다. 어떤 오픈스택 네트워킹 플러그인은 기본 리눅스 VLAN과 IP 테이블을 이용할 수 있고, 다른 플러그인은 유사한 기능을 제공하기 위해 L2-in-L3 터널링이나 오픈플로우와 같은 좀 더 진보된 기술을 이용할 수 있다.

오픈스택 네트워킹 서버의 메인 모듈은 파이썬 데몬인 neutron-server로 오픈스택 네트워킹 API를 제공한다. neutron-server는 추가적인 처리를 위해 설정된 오픈스택 네트워킹 플러그인으로 사용자 요청을 전달한다.

플러그인은 일반적으로 지속적인 저장공간을 위해 데이터베이스를 필요로 한다. 하나의 컨트롤러호스트를 이용해 오픈스택 컴퓨트 컴포넌트를 실행하고 있다면, 오픈스택 네트워킹 서버를 동일한 호스트에 구축할 수도 있다. 그러나 오픈스택 네트워킹은 완전히 독립되어 동작 가능하므로 독립적인 서버에 구축할 수도 있다. 구축 형태에 따라 오픈스택 네트워킹은 추가적인 에이전트를 이용할 수도 있다.

- 플러그인 에이전트(neutron-*-agent)는 개별 하이퍼바이저에서 수행되어 내부 스위치를 설정한다. 어떤 플러그인은 에이전트가 필요하지 않은 경우도 있기 때문에, 수행되는 에이전트는 선택된 플러그인에 따라 결정된다.
- DHCP 에이전트(neutron-dhcp-agent)는 테넌트 네트워크에 대한 DHCP 서비스를 제공한다.
- L3 에이전트(neutron-l3-agent)는 테넌트 네트워크의 VM이 외부 네트워크에 접근할 수 있도록 L3/NAT 포워딩을 제공한다.

이 에이전트들은 RPCRemote Procedure Call나 표준 오픈스택 네트워킹 API를 통해 핵심 뉴트론 프로세스와 상호작용한다. 오픈스택 네트워킹은 모든 API 요청에 대한 인증과 권한 부여를 Keystone에 의존한다. Nova는 오픈스택 네트워킹과 표준 API 호출을 통해 상호작용한다. VM 생성 과정에서 Nova는 오픈스택 네트워킹 API와 상호작용하여 VM의 가상 네트워크 인터페이스를 특정 네트워크에 연결한다. Horizon은 오픈스택 네트워킹 API와 연동되어 오픈스택 대시보드의 GUI를 통해 테넌트 사용자들과 관리자가 네트워크 서비스를 생성하고 관리할 수 있도록 지원한다.

표준 오픈스택 네트워킹 구축에는 다음 그림에 표시된 바와 같이 네 개의 물리적인 데이터 센터 네트워크가 존재한다(데이터 네트워크는 클라우드 환경 내의 가상 머신을 연결하기 때문에 다음 그림에는 표시되지 않았다).

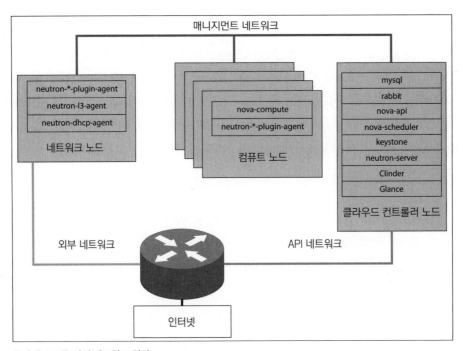

물리 호스트들 간의 네트워크 연결

- 관리Management 네트워크: 오픈스택 컴포넌트 사이의 내부 통신에 이용된다. 이 네트워크의 IP 주소 할당은 데이터 센터 네트워크 내에서만 연결 가능하다.

- 데이터Data 네트워크: 클라우드 환경 내에서의 VM간 데이터 통신에 이용된다. 사용되는 네트워킹 플러그인에 따라 이 네트워크의 IP 주소 요구 사항은 다를 수 있다.

- 외부External 네트워크: VM의 외부 인터넷 연결을 위해 이용된다. 이 네트워크의 IP 주소는 인터넷의 어느 호스트에서도 접근 가능해야 한다.

- API 네트워크: 테넌트에게 오픈스택 네트워킹 API를 포함한 모든 오픈스택 API에 대한 접근을 제공한다. 이 네트워크의 IP 주소는 인터넷의 어느 호스트에서도 접근 가능해야 한다.

 오픈스택 뉴트론에 대한 완전한 설치 및 구성 가이드는 오픈스택 네트워킹 관리 가이드에서 찾을 수 있다. 더 상세한 정보는 아래 경로에서 확인할 수 있다.

- http://wiki.openstack.org/wiki/Neutron

뉴트론 플러그인

전통적인 네트워킹 솔루션을 개선하여 다양한 클라우드 네트워킹을 제공하는 것은 매우 어려운 일이다. 전통적인 네트워킹은 설계 측면에서 클라우드가 원하는 만큼의 확장성이 부족하고 동적인 구성 능력 또한 부족하다. 오픈스택 네트워킹은 오픈스택 네트워킹 API의 백엔드 구현인 플러그인의 개념을 도입하였다. 논리적인 API 요청을 구현하기 위해 플러그인은 다양한 기술을 활용할 수 있다. 어떤 플러그인은 리눅스 IP 테이블과 기본적인 VLAN을 이용할 수 있고, 다른 구현은 L2-in-L3 터널링이나 오픈플로우와 같은 보다 진보된 기술을 이용할 수 있다. 플러그인들은 하드웨어 요구사항이나 속성, 성능, 확장성이나 운용 도구 측면에서 서로 다른 특성을 가질 수 있다. 오픈스택은 다양한 플러그인들을 지원한다. 따라서 클라우드 관리자는 서로 다른 옵션을 고려하여 특정 사용 시나리오에 가장 적합한 네트워킹 기술을 선택할 수 있다. 뉴트론의 서로 다른 플러그인들 중 이번 절에서는 오픈스택 Neutorn의 플러드라이트 컨트롤러 플러그인을 다룰 것이다.

뉴트론 플러그인을 활용하여 플러드라이트는 오픈스택의 네트워크 백엔드로 동작 가능하다. 오픈스택 뉴트론의 플러드라이트 컨트롤러 플러그인은 플러드라이트로 구현된 REST API를 통한 NaaS 모델을 제공한다. 이 솔루션은 두 가지 주요 컴포넌트로 플러드라이트를 뉴트론에 연결하는 Neutron RestProxy 플러그인과 Neutron API를 구현하는 플러드라이트의 VirtualNetworkFilter 모듈을 포함한다. VirtualNetworkFilter 모듈은 오픈플로우 네트워크에서 MAC 기반의 2계층 네트워크 분리를 구현하고, 이를 REST API로 제공한다. 이 모듈은 플러드라이트에 기본으로 포함되어 있으며, 뉴트론이나 오픈스택이 활성화된 상태이거나 실행 중인지 여부와 무관하게 동작한다. VirtualNetworkFilter는 7장의 뒷 부분에서 설명되는 설정 파일 변경을 통해 활성화시킬 수 있다. RestProxy 플러그인은 오픈스택 뉴트론 서비스의 일부로 동작하도록 설계되었다. 플러드라이트를 위한 빅스위치 뉴트론Big Switch Neutron 플러그인은 오픈스택 그리즐리Grizzly 배포판에서 지원된다.

플러드라이트 오픈스택 지원은 오픈스택 뉴트론 메인 저장소의 Big Switch Neutron Plugin을 통해 제공된다.
• http://github.com/openstack/neutron

오픈스택 devstack 저장소 stable/grizzly 브랜치는 다음과 같다.
• http://github.com/openstack-dev/devstack/tree/stable/grizzly

다음 설명은 플러드라이트와 오픈스택(Grizzly)을 우분투 VM에서 Big Switch 에 의해 개발된 devstack 스크립트를 이용해 설치하는 방법이다. 설치 과정을 진행하기 전에 우분투 서버 12.04.1이나 최신 버전이 설치된 가상 머신이 필요하다. 이 과정의 결과물은 뉴트론 백엔드로써 플러드라이트가 설치된 단일 모드 오픈스택이다. 테넌트, 가상 네트워크와 가상 인스턴스는 오픈스택 Horizon GUI(대시보드)를 통해 생성될 수 있다.

오픈스택 Neutron 네트워킹 지원이 정상적으로 동작하도록 하기 위해서는 먼저 플러드라이트 컨트롤러를 실행해야 한다. 플러드라이트 컨트롤러는 독립적인 플러드라이트 VM에서 실행하거나, 우분투 VM 내에서 다음의 간단한 단계를 거쳐서 플러드라이트 소스를 다운로드해 압축을 풀고 컴파일한 후에 실행할 수도 있다. 진행하기 전에 인터넷 연결이 정상적으로 동작하는지 확인하자.

```
$ sudo apt-get update
$ sudo apt-get install zip default-jdk ant
$ wget --no-check-certificate https://github.com/floodlight/floodlight/
archive/master.zip
$ unzip master.zip
$ cd floodlight-master; ant
$ java -jar target/floodlight.jar -cf src/main/resources/neutron.
properties
```

VirtualNetworkFilter가 성공적으로 활성화됐는지 확인하기 위해 다음 명령을 우분투 VM에서 입력해보자.

```
$ curl 127.0.0.1:8080/networkService/v1.1
{"status":"ok"}
```

일단 플러드라이트가 실행 중임을 확인했다면, 오픈스택을 install-devstack 스크립트를 이용해 설치할 준비가 되었다. 다음은 각 단계에 대한 설명이다.

1. 이 스크립트는 VM내의 OVS를 구성하여 플러드라이트 컨트롤러에 연결시킨다.

2. 다음으로, VM에 오픈스택과 Big Switch REST proxy 플러그인을 설치한다.

3. 오픈스택 그리즐리 배포판을 이용하려면 다음 명령을 이용하자.

```
$ wget https://github.com/openstack-dev/devstack/archive/stable/
grizzly.zip
$ unzip grizzly.zip
$ cd devstack-stable-grizzly
```

4. 오픈스택 Folsom 배포판을 이용하려면 다음 명령을 이용하자.

```
$ wget https://github.com/bigswitch/devstack/archive/floodlight/
folsom.zip
$ unzip folsom.zip
$ cd devstack-floodlight-folsom
```

5. 자주 이용하는 에디터를 이용해 `localrc`라는 이름의 파일을 생성하고, 다음의 세부사항을 입력한다. `<password>`라고 된 부분을 원하는 암호로 변경하고, `BS_FL_CONTROLLERS_PORT=<floodlight IP address>`을 `8080`으로 업데이트하자. 플러드라이트를 동일 VM에서 실행했다면, `<floodlight IP address>`로 `127.0.0.1`을 이용하고, 그렇지 않다면 VM이나 플로드라이트가 실행 중인 호스트 IP 주소를 이용하면 된다.

```
disable_service n-net
enable_service q-svc
enable_service q-dhcp
enable_service neutron
enable_service bigswitch_floodlight
Q_PLUGIN=bigswitch_floodlight
Q_USE_NAMESPACE=False
NOVA_USE_NEUTRON_API=v2
SCHEDULER=nova.scheduler.simple.SimpleScheduler
MYSQL_PASSWORD=<password>
RABBIT_PASSWORD=<password>
ADMIN_PASSWORD=<password>
SERVICE_PASSWORD=<password>
SERVICE_TOKEN=tokentoken
```

```
DEST=/opt/stack
SCREEN_LOGDIR=$DEST/logs/screen
SYSLOG=True
#IP:Port for the BSN controller
#if more than one, separate with commas
BS_FL_CONTROLLERS_PORT=<ip_address:port>
BS_FL_CONTROLLER_TIMEOUT=10
```

6. 이제 다음 명령을 입력하자.

```
$ ./stack.sh
```

오픈스택 설치는 인터럽트할 수 없는 긴 과정이다. 중간에 인터럽트가 발생하거나 인터넷 연결이 끊어지면 알 수 없는 상태가 되어 다시 시작하기가 어렵다. 따라서 인터럽트가 발생했을 경우 원본을 복구할 수 있도록, 설치를 시작하기 전에 버추얼박스를 이용해 스냅샷을 준비해두길 추천한다. install-devstack.sh 스크립트는 실행을 위해 방해받지 않는 IP 연결이 필요하다. 설치가 정상적으로 완료되면, 다음 그림과 같은 결과를 보여줄 것이다.

```
Horizon is now available at http://10.10.2.15  /
Keystone is serving at http://10.10.2.15:5000/v2.0/
Examples on using novaclient command line is in
exercise.sh
The default users are: admin and demo
The password: nova
This is your host ip: 10.10.2.15
stack.sh completed in 103 seconds.
```

설치 종료 화면

오픈스택과 플러드라이트의 설치는 다음 링크의 가이드를 따라서 검증할 수 있다.

- http://docs.projectfloodlight.org/display/floodlightcontroller/Verify+OpenStack+and
  +Floodlight+Installation

요약

뉴트론은 다른 오픈스택 서비스(Nova)에 의해 관리되는 인터페이스 장치 사이(가상 NIC으로 알려진)에 서비스로서의 네트워킹NaaS을 제공하는 오픈스택 프로젝트다. 오픈스택 Folsom 배포판에서 시작하여 뉴트론은 오픈스택 프레임워크의 핵심 요소가 되었다. 7장에서는 뉴트론 네트워킹 컴포넌트와 백엔드 플러그인(특히, 플러드라이트 플러그인)을 포함한 오픈스택 구성 요소들을 소개하였다. Neutron API는 L2 네트워킹과 IP 주소 관리IPAM에 대한 지원을 포함한다. Neutron API 중 L2 네트워킹은 물리적 데이터 센터 내의 특정 VLAN에 공급자 네트워크를 연결시키기 위한 확장을 포함한 API 확장 플랫폼과 L2 네트워크 사이의 경로를 구성하기 위한 간단한 L3 라우터를 지원한다. 또한 플로팅 IP 주소에 대한 지원과 함께 외부 네트워크에 대한 게이트웨이를 제공한다. 8장에서는 SDN과 오픈플로우와 관련된 주요 오픈 소스 프로젝트를 소개할 것이다.

8

오픈 소스 프로젝트

SDN과 오픈플로우는 산업과 학계 모두에서 주목하고 있는 네트워킹 연구이자, 개발 분야다. SDN과 오픈플로우 관련해서 소프트웨어 기반 스위치에서 오픈플로우 컨트롤러, 오케스트레이션 툴, 네트워크 가상화 툴, 시뮬레이션과 테스팅 툴에 이르기까지 다양한 오픈 소스 프로젝트들이 존재한다. 8장에서는 이러한 SDN과 오픈플로우에 관련된 오픈 소스 프로젝트에 대해서 간단한 내용을 제공한다. 특히 아래 오픈 소스 프로젝트를 다룬다.

- 스위치: Open vSwitch, 판토우Pantou, 인디고Indigo, LINC, XORPlus, OF13SoftSwitch

- 컨트롤러: 비콘Beacon, 플러드라이트Floodlight, 마에스트로Maestro, 트레마Trema, FlowER, 류Ryu

- 기타: 플로우바이저FlowVisor, 에이비어Avior, 라우트플로우RouteFlow, OFlops과 Cbench, OSCARS, 트위스터Twister, FortNOX

8장에서는 네트워크 엔지니어가 운용 환경에서 활용할 수 있는 주요 프로젝트의 좌표를 제공한다.

스위치

이번 절에서는 오픈플로우 소프트웨어 스위칭에 집중한 오픈 소스 프로젝트를 다룬다.

Open vSwitch

하이퍼바이저(예, 젠Xen, 버추얼박스, VMware 플레이어)는 가상 머신VM, Virtual Machine과 외부 세상 사이에서 트래픽을 전달하는 능력을 필요로 한다. 내장 L2 스위치인 리눅스 브리지는 이를 위한 빠르고 안정적인 솔루션이지만, 다중 서버 가상화 환경에서 VM들을 연결하는 데는 적합하지 않다. Open vSwitch는 이를 위한 솔루션을 목표로 한다. 다중 서버 가상화 환경의 주요 특징은 동적인 종단end-point, 논리적인 추상화 유지, 그리고 특별한 목적의 스위칭 하드웨어와 통합 또는 이를 이용한 오프로딩offloading이다. 이러한 요구사항을 만족시키기 위해 Open vSwitch는 주요 특징으로 상태 이전, 네트워크 변화에 대한 대응, 논리적인 태그의 유지, 하드웨어 통합을 지원한다.

VM과 연관된 모든 네트워크 상태는 쉽게 확인할 수 있고, 서로 다른 물리 호스트 간에 이전이 가능해야 한다. 이러한 네트워크 상태에는 전통적인 소프트 상태(예, L2 포워딩 테이블 항목), L3 포워딩 상태, ACL, QoS 정책, 또는 모니터링 설정(예, NetFlow, sFlow) 등이 포함된다. Open vSwitch는 인스턴스 간에 상태 정보에 대한 설정과 이전을 지원한다.

가상 환경은 자주 변화하는 특징을 갖는다(예를 들어, VM이 추가/삭제되거나 논리 네트워크 환경에 변화가 발생). Open vSwitch는 네트워크 제어 시스템이 이러한 환경 변화에 대응하고 적응할 수 있도록 여러 가지 기능을 지원한다. NetFlow와 sFlow와 같은 간단한 사용량 계산과 가시화 지원에 더불어, Open vSwitch는 원격 트리거trigger를 통한 네트워크 상태 데이터베이스OVSDB를 지원한다. 따라서, Open vSwitch를 이용하는 오케스트레이션 소프트웨어는 네트워크의 다양한 상태를 모니터링 할 수 있고, 변경 사항 발생 시 빠르게 대응 할 수 있다. 이 기능은 VM 이전migration을 추적하고 응답하는 데 이용할 수도 있다. Open vSwitch는 원격지에서 트래픽을 제어하는 방법 중 하나로 OpenFlow를 지원한다.

분산 가상 스위치(예, VMware, vDS, Cisco Nexus 1000V)는 네트워크 패킷에 태그를 추가하여 네트워크 내에서 논리적인 컨텍스트를 관리한다. 이것은 VM을 유일하게 지정하거나 논리 도메인에서만 의미가 있는 다른 컨텍스트를 담기 위해 사용될 수 있다. 분산 가상 스위치를 구축하는 것의 어려운 점 중 하나는 이러한 태그들을 효율적으로 정확하게 관리하는 것이다. Open vSwitch는 태그를 지정하고 관리하는 다양한 방법을 제공하고, 오케스트레이션 소프트웨어는 이를 원격지에서 이용 가능하다.

Open vSwitch의 포워딩 패스(커널 내부 데이터패스)는 전통적인 하드웨어 스위치에 내장되었든 종단 호스트의 NIC이든지 상관없이 패킷 프로세싱을 하드웨어 칩셋에 오프로드offload할 수 있도록 설계되었다. 이를 통해 Open vSwitch는 하드웨어 스위치와 순수 소프트웨어 스위치를 모두 제어할 수 있다.

하드웨어 통합의 장점은 가상 환경에서의 성능만이 아니다. 물리 스위치가 Open vSwitch의 제어 추상화를 지원한다면, 베어메탈bare-metal과 가상 호스팅 환경 모두를 동일한 자동 네트워크 제어 메커니즘을 통해 관리할 수 있다.

Open vSwitch는 아파치 라이선스를 따르는 다계층의 가상 스위치다. 프로그래밍을 이용한 확장을 통해 대규모의 네트워크 자동화를 가능하도록 설계되었지만, 동시에 표준 관리 인터페이스와 프로토콜(예, NetFlow, sFlow, SPAN, RSAPN, CLI, LACP, 802.1ag)을 지원한다. 또한, VMware의 vNetwork distributed vSwitch나 시스코Cisco의 Nexus 1000V와 유사하게 다중 물리 서버 간의 연결을 지원하도록 설계되었다(다음 그림 참고).

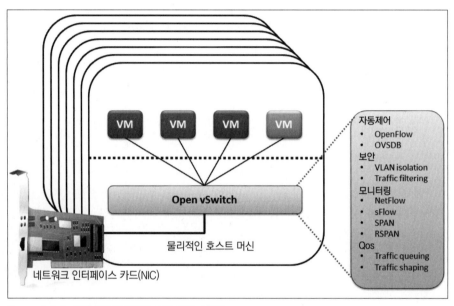

Open vSwitch: 상용 품질의 다계층, 오픈 가상 스위치

Open vSwitch는 하이퍼바이저 내에서 실행되는 소프트 스위치나 스위칭 실리콘 위의 제어 계층으로 모두 동작 가능하다. Open vSwitch는 또한 다양한 가상 환경과 스위칭 칩셋에 맞도록 이식port되었다. 현재 젠서버XenServer 6.0과 젠 클라우드 플랫폼Xen Cloud Platform의 기본 스위치이고, 젠Xen, KVM, Proxmox VE, 버추얼박스를 지원한다. 또한 오픈스택, openQRM, OpenNebula, oVirt와 같은 다양한 가상 환경 관리 시스템에 통합되었다. 커널 데이터패스는 리눅스에 포함되어 있고, 우분투Ubuntu, 데비안Debian, 페도라Fedora용 패키지도 제공된다. 개발 중인 Open vSwitch 배포판은 FreeBSD도 지원한다. 코드의 대부

분은 플랫폼에 독립적인 C로 작성되었고 다른 환경에 쉽게 이식된다. 리눅스 3.3부터 Open vSwitch는 커널의 일부로 포함되었고, 사용자 공간 유틸리티에 대한 패키지는 대부분의 잘 알려진 배포판에서 제공된다.

 다음 사이트에서 Open vSwitch에 대한 상세한 정보를 얻을 수 있고, Open vSwitch를 다운로드할 수 있다.
  • http://www.openvswitch.org

판토우

판토우Pantou는 상용 무선 라우터/액세스 포인트를 오픈플로우 스위치로 바꿔준다. 오픈플로우는 OpenWrt상의 애플리케이션으로 구현된다. OpenWrt는 임베디드 장치에서 네트워크 트래픽을 전달하기 위한 운영체제이다. 주요 컴포넌트는 리눅스 커널, uClibc와 비지박스BusyBox다. 모든 컴포넌트는 홈 라우터의 제한된 저장공간과 메모리에 적합하도록 최적화되었다. 판토우는 BackFire OpenWrt 배포판(리눅스 2.6.32)에 기반한다. 오픈플로우 모듈은 스탠포트의 참조 구현(사용자공간)에 기반한다. 여러분의 라우터/액세스 포인트를 오픈플로우 스위치로 바꾸고 싶다면, 해당 장치 칩셋(Broadcom이나 Atheros)에 맞는 이미지를 받고, 이미지를 장치에 올린 뒤 잘 동작하는지를 확인하면 된다. 또한, 소스 코드를 이용해 원하는 이미지를 직접 제작해서 사용할 수도 있다. 오픈플로우와 관련한 기능을 추가하기 전에 vanilla OpenWrt 트리를 빌드하고 로딩해야 한다. 판토우의 현재 버전은 BackFire OpenWrt 배포판에 기반하고 있다.

 OpenWRT용 오픈플로우 1.0에 대한 더 많은 정보는 아래 링크에서 찾을 수 있다.
  • http://www.openflow.org/wk/index.php/OpenFlow_1.0_for_OpenWRT
추가로 OpenWRT용 오픈플로우 1.3 구현은 아래 링크에서 찾을 수 있다.
  • http://github.com/CPqD/openflow-openwrt

인디고

인디고Indigo는 물리 스위치상에서 동작하는 오픈 소스 오픈플로우 구현으로 오픈플로우를 라인속도로 실행하기 위해 이더넷 스위치의 ASICApplication Specific Integrated Circuit 하드웨어 특성을 이용한다. 스탠포드 오픈플로우 참조 구현에 기반하여 개발되었고, 오픈플로우 1.0 표준의 모든 필수 특성을 구현하고 있다. 인디고 스위치의 첫 번째 구현은 더 이상 지원되지 않는다. 인디고2는 빅 스위치 네트웍스Big Switch Networks의 스위치 라이트Switch Light의 기반이 되었다. 인디고2는 인디고2 에이전트와 LoxiGen의 두 가지 컴포넌트를 갖는다. 인디고2 에이전트는 핵심 라이브러리를 제공하고 물리 스위치나 가상 스위치의 포워딩과 포트 관리 인터페이스와 통합을 쉽게 하기 위한 하드웨어 추상화 계층HAL과 물리 스위치상에서 오픈플로우를 하이브리드 모드로 실행하기 위한 설정 추상화 계층을 포함한다. LoxiGen은 다양한 언어로 된 오픈플로우 마샬링과 언마샬링 라이브러리를 제공하는 컴파일러다.

현재는 C(loci)를 지원하고, 자바와 파이썬 프로그래밍/스크립팅 언어는 개발 중이다. IVSIndigo Virtual Switch는 가볍고, 고성능의 가상 스위치로 오픈플로우 프로토콜을 지원하도록 새롭게 개발되었다. IVS는 대규모 네트워크 가상화 애플리케이션을 지원하도록 설계되었고, VMware의 vNetwork, 시스코의 Nexus나 Open vSwitch처럼 오픈플로우 컨트롤러를 이용해 다중 물리 서버 사이의 통신을 지원한다.

 인디고에 대한 더 많은 정보는 아래 경로에서 찾을 수 있다.

- http://www.projectfloodlight.org/indigo/

LINC

LINC는 FlowForwarding(www.flowforwarding.org)이 주도하는 오픈 소스 프로젝트로 오픈플로우1.2, 1.3.1.과 OF-Config 1.1.에 기반한 아파치2 라이선스 구현이다. FlowForwarding은 오픈플로우와 ONFOpen Networking Foundation 스펙에 기반한 아파치2 라이선스 구현으로, 무료 오픈 소스이며 상용화에 용이하다. LINC는 ERLANG 기반의 리눅스 스위치다.

 알파 버전의 소스코드는 아래에서 받을 수 있다.

• https://github.com/FlowForwarding

XORPlus

스위칭 ASIC의 빠른 발전과 함께 상용 스위칭 칩 벤더들(예를 들어, Broadcom)은 기존 스위칭 시스템 벤더(예, 시스코와 브로케이드)에 의해 설계된 칩들의 성능과 밀도를 극복했다. XORPlus는 오픈 소스 스위칭 소프트웨어가 고성능의 ASIC을 제어하기 위해 개발되었다. Pica8(www.pica8.org) XORPlus는 고유의 오픈 소스 소프트웨어로 데이터센터 수준의 스위치 플랫폼에서 실행되며 고품질의 프로토콜 구현뿐 아니라 고성능의 스위칭/라우팅 속도를 제공한다. XORPlus는 공개 커뮤니티에 의해 지원되는 스위칭 소프트웨어다. 이 소프트웨어는 네트워크 사용자들이 가장 많이 이용되는 L2/L3 프로토콜을 지원한다. XORPlus는 데이터 센터의 네트워크 성능, 확장성과 안정성 이슈를 해결하는 것에 집중한다. XORPlus L2 기능에는 STP/RSTP/MSTP, LCAP, QoS, 802.1q VLAN, LLDP와 ACL 프로토콜이 있고, L3 기능에는 OSPF/ECMP, RIP, IGMP, IPv6와 PIM-SM이 있다.

오픈플로우는 오픈플로우 1.0 스펙과 호환되는 Open vSwitch(OVS) 1.1 배포판을 통해 지원된다. 가장 중요한 특징은 XORPlus이 커뮤니티를 통한 개선을 지원한다는 점이다. 사용자는 기존 임베디드 스위치의 한계를 넘어 최신 프로토콜과 데이터 트래픽 관리 기능을 개발할 수 있다. Pica8 XORPlus는 하부 스위칭 칩에 독립적이다. 높은 확장성으로 다른 플랫폼에서도 실행 가능하다. XORPlus의 소프트웨어 아키텍처는 다른 플랫폼에서 수행되는 드라이버와 스위칭 하드웨어를 포함한 다양한 프로토콜 스택을 지원하도록 설계되었다. 이는 기존 스위치에 비해 매우 융통성있는 사용 모델을 제공한다. XORPlus의 오픈 소스 소프트웨어와 오픈 플랫폼으로 인해, 고성능 스위치 사용자들은 마침내 상용 스위치에 대한 의존성을 탈피할 수 있게 되었다.

 다음은 Pica8 XORPlus의 URL이다.

- http://sourceforge.net/projects/xorplus

OF13SoftSwitch

OF13SoftSwitch는 에릭슨 TrafficLab 1.1. SoftSwitch(http://github.com/TrafficLab/of11softswitch)의 포워딩 평면에 오픈플로우 1.3을 지원하기 위해 개발된 오픈플로우 1.3 호환 사용자 공간 소프트웨어 스위치이다. 이 프로젝트의 초기 코드는 스탠포드 대학의 오픈플로우 1.0 참조 구현이다. OF13SoftSwitch 패키지에는 다음의 구성 요소가 포함된다.

- 오픈플로우 1.3 스위치 구현: ofdatapath

- 오픈플로우 컨트롤러와 연결하기 위한 보안 채널: ofprotocol

- OpenFlow 1.3 와이어 포맷을 위한 소프트웨어 라이브러리: oflib

- OF13SoftSwitch를 콘솔에서 설정하기 위한 명령어 라인 유틸리티 프로그램(dpctl): dpctl

이 프로젝트는 브라질의 에릭슨 이노베이션 센터의 지원을 받고, 에릭슨 연구소와 기술 협력을 통해 CPqD가 관리한다. 튜토리얼을 포함한 소프트웨어 스위치의 설치 및 다운로드 설명서는 깃허브의 프로젝트 페이지에서 찾을 수 있다(아래 링크 참고). 오픈플로우 1.3 소프트웨어 스위치, 호환되는 버전의 NOX 컨트롤러, 와이어샤크 해부 도구dissector 플러그인과 오픈플로우 테스트 툴(OF-test)이 포함된, 미리 설정된 OF13SoftSwitch를 이용해볼 수 있다.

 더 많은 정보는 아래의 오픈플로우 1.3 소프트스위치 프로젝트 페이지에서 얻을 수 있다.
- http://cpqd.github.io/ofsoftswitch13/

컨트롤러

4장, '환경 구성'에서 POX와 OpenDaylight 오픈플로우 컨트롤러를 다뤘다. 이번 절에서는 다른 오픈 소스 오픈플로우 컨트롤러를 다룬다.

비콘

비콘Beacon은 빠른 자바 기반의 모듈화된 크로스 플랫폼 컨트롤러로 이벤트 기반과 스레드 동작을 모두 지원한다. 비콘은 2010년부터 개발되었고, 여러 연구 프로젝트, 네트워킹 수업과 실험적인 구현에서 사용되었다. 자바로 작성되어 고성능의 멀티코어 리눅스 서버부터 안드로이드 폰까지 다양한 플랫폼에서 실행된다. 비콘은 GPL v2 라이선스와 스탠포드 대학의 FOSS 라이선스 Exception v1.0을 모두 따른다. 새로운 비콘의 코드 번들bundle은 다른 번들을 방해하지 않고, 실행시간에 시작/정지/재시작/설치 될 수 있다. 예를 들어, 현재 실행 중인 학습 스위치 네트워크 애플리케이션을 스위치들의 접속을 끊지 않은 상태에서 대체할 수 있다.

이 컨트롤러에 대한 상세한 정보는 아래 경로에서 찾을 수 있다.

· https://openflow.stanford.edu/display/Beacon/Home

플러드라이트

플러드라이트Floodlight SDN 컨트롤러는 아파치 라이선스를 따르는 엔터프라이즈 수준의 자바 기반 오픈플로우 컨트롤러다. 플러드라이트 컨트롤러는 빅 스위치 네트웍스Big Switch Networks의 여러 개발자를 포함한 개발자 커뮤니티에 의해 지원된다. 플러드라이트는 자바로 작성되었고, 따라서 JVM에서 실행된다. 소스 코드 저장소는 깃허브를 이용한다. 플러드라이트를 시작하는 가장 쉬운 방법은 플러드라이트 VM을 다운로드하는 것이다. 오픈플로우 컨트롤러와 더불어, 플러드라이트는 플러드라이트 컨트롤러 위에서 개발된 애플리케이션들의 집합이다. 플러드라이트 컨트롤러상의 애플리케이션은 네트워크상의 서로 다른 사용자 요구사항을 해결하기 위해 서로 다른 기능을 구현하는 반면에, 컨트롤러는 오픈플로우 네트워크를 제어하고 관리하기 위한 공통 기능을 제공한다. 다음 그림은 플러드라이트의 구조를 보여준다.

이 그림은 플러드라이트 컨트롤러와 자바 모듈로 개발된 애플리케이션, 그리고 플러드라이트 REST API상에서 개발된 네트워크 애플리케이션 사이의 관계를 보여준다.

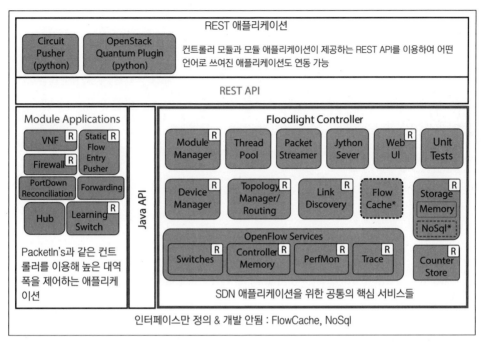

플러드라이트 컨트롤러와 네트워크 애플리케이션 구조

플러드라이트 컨트롤러를 시작할 때, 플러드라이트 설정 파일에 지정된 자바 모듈 애플리케이션의 집합(예, 학습 스위치, 허브, 방화벽, static flow entry pusher) 또한 실행을 시작한다. 모든 실행 중인 모듈들이 제공하는 REST API는 특정 REST 포트(기본으로 8080)를 통해 이용 가능하다. 다른 네트워크 애플리케이션(예, 오픈 스택 퀀텀 플러그인이나 circuit pusher)은 이 REST API를 이용해 정보를 가져오거나 컨트롤러의 REST 포트로 REST 명령을 날려 서비스를 시작시킬 수 있다.

 플러드라이트에 대한 상세한 정보는 아래 경로에서 찾을 수 있다.

- http://www.projectfloodlight.org/floodlight/

마에스트로

마에스트로Maestro는 네트워크 제어 애플리케이션을 조율하는 네트워크 운영 체제다. 마에스트로는 모듈화된 네트워크 제어 애플리케이션을 구현하기 위한 인터페이스를 제공하고, 오픈플로우를 포함한 여러 프로토콜을 통해 그들 간의 상호작용을 조율한다. 오픈플로우 컨트롤러로 생각될 수 있지만, 마에스트로는 오픈플로우 네트워크에 국한된 것이 아니다. 마에스트로의 프로그래밍 프레임워크는 아래의 기능을 위한 인터페이스를 제공한다.

- 모듈화된 제어 컴포넌트를 추가하여 새로운 맞춤형 제어 기능을 추가
- 제어 컴포넌트를 대신하여 네트워크 상태를 관리
- 실행 순서와 컴포넌트 간에 공유되는 네트워크 상태를 지정하여 제어 컴포넌트를 구성

마에스트로는 플랫폼과 컴포넌트 모두 자바로 개발되어 다양한 운영체제와 아키텍처에 이식성이 뛰어나다. 또한 멀티스레드 기술을 이용해 멀티코어 프로세서의 장점을 최대한 활용한다. 마에스트로는 GNU Lesser General Public 라이선스 버전 2.1을 따른다.

 마에스트로를 다운로드하고, 사용하는 방법에 대한 상세한 정보는 아래 경로에서 찾을 수 있다.
- http://code.google.com/p/maestro-platform/

트레마

트레마Trema는 루비Ruby와 C로 되어 있는 오픈플로우 컨트롤러를 생성하기 위해 필요한 모든 것을 포함한 오픈플로우 컨트롤러 프레임워크다. 트레마의 소스 패키지는 기본 라이브러리와 오픈플로우 스위치와 인터페이스하는 기능 모

듈을 포함한다. 트레마 위에서 개발된 몇 가지 샘플 애플리케이션이 제공되므로, 이를 실행시켜 오픈플로우 컨트롤러의 동작을 확인해볼 수 있다. 추가로, 오픈플로우 기반의 네트워크와 종단 호스트를 에뮬레이트하여 직접 개발한 컨트롤러를 테스트해볼 수 있는 간단하지만 강력한 프레임워크를 제공한다. 기능 모듈 간의 내부 데이터 플로우를 분석하기 위한 와이어샤크 플러그인이 디버깅 툴로 제공된다. 현재 트레마는 GNU/리눅스만을 지원하고 다음의 플랫폼에서 테스트되었다.

- 우분투 13.04, 12.10, 12.04, 11.10, 10.04(i386/amd64, 데스크탑 에디션)
- 데비안Debian GNU/Linux 7.0과 6.0(i386/amd64)
- 페도라Fedora 16(i386/x86_64)
- 루비Ruby 1.8.7
- 루비젬RubyGems 1.3.6 이상

트레마는 다른 리눅스 배포판에서도 실행가능하나 이 글을 쓰는 시점에 아직 테스트되지 않았고 지원하지 않고 있다.

 트레마에 대한 상세한 정보는 아래 경로에서 찾을 수 있다.
- github.com/trema

FlowER

FlowER은 오픈 소스 Erlang 기반의 오픈플로우 컨트롤러다. 네트워크 제어 소프트웨어를 Erlang으로 작성할 수 있는 간단한 플랫폼을 제공하는 것을 목적으로 한다. 현재 개발 중이지만, FlowER의 개발자인 Travelping(www.travelping.com)은 상용 제품에 이를 이용 중이다. FlowER은 각 Erlang 애플리케이션을 RPM이나 DEB 패키지로 작성하는 배포 모델에 맞춰 개발되었다.

류

류Ryu는 오픈스택과 통합된, 오픈플로우를 지원하는 컴포넌트 기반의 SDN 프레임워크다. 류는 논리적으로 중앙집중화된 컨트롤러와 운영자가 새로운 네트워크 관리 및 제어 애플리케이션을 개발하기 쉽게 도와주는 잘 정의된 API를 제공한다. 류는 오픈플로우(1.0, 1.2, 1.3과 Nicira 확장), Netconf, OF-config 등의 다양한 네트워크 장치 관리 프로토콜을 지원한다. 류는 대형 상용 환경에서도 이용 가능한 고품질의 SDN을 위한 운영체제 개발을 목적으로 한다. 모든 코드는 아파치 2.0 라이선스에 따라 자유롭게 이용 가능하다.

류를 활용하면, 운영자는 VLAN을 이용하지 않고 분리된 수만큼의 가상 네트워크를 생성할 수 있다. 이 가상 네트워크는 오픈스택 류 플러그인을 통해 생성되고 관리된다. 류는 그에 따라 적절하게 Open vSwitch를 구성한다. 미리 구성된 류 VM 이미지 파일을 통해 운영자는 쉽게 멀티노드 오픈스택 환경을 구성할 수 있다. 류는 파이썬으로 구현되었고 개발은 완전히 공개되어 있다.

기타

소프트웨어 스위치와 컨트롤러와 함께, 오픈플로와 SDN에 관련된 많은 오픈 소스 프로젝트가 존재한다. 이번 절에서는 중요한 오픈 소스 프로젝트를 소개한다.

플로우바이저

SDN은 다수의 논리 컨트롤러와 함께 다수의 논리적인 분산화 레벨을 가질 수 있다. 프록시 컨트롤러인 플로우바이저FlowVisor는 새로운 네트워크 가상화 레벨을 오픈플로우 네트워크에 추가하기 위해 활용될 수 있고 여러 컨트롤러가 동시에 중첩되는 물리적 스위치의 집합에 대한 제어를 지원한다. 초기에는 실제 트래픽이 존재하는 네트워크상에서 실험적인 연구를 수행하기 위해 개발되었다. 플로우바이저를 이용하면 SDN 환경에서 새로운 서비스의 배포가 용이함을 증명하였다. 플로우바이저는 특별한 목적의 오픈플로우 컨트롤러로 다음 그림과 같이 오픈플로우 스위치와 다수의 오픈플로우 컨트롤러 사이에서 투명한 프록시의 역할을 한다.

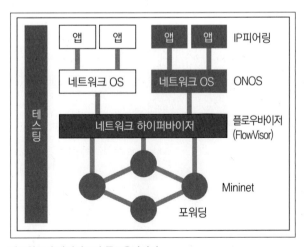

네트워크 슬라이서로의 플로우바이저

플로우바이저는 네트워크 자원의 조각slice을 생성하고 각 조각의 제어를 서로 다른 컨트롤러에게 위임하며, 또한 조각들 간에 상호 간섭을 배제한다. 스탠포드 대학에 의해 개발된 플로우바이저는 실험용 연구/교육망에서 다수의 실험자가 자신만의 독립된 인프라 조각을 얻고, 이를 자신의 네트워크 운영체제와 제어/관리 애플리케이션을 이용해 제어할 수 있는 슬라이싱을 제공하기 위해 널리 이용되고 있다. 플로우바이저는 실제 상용 환경에서 실제 네트워크 트래픽을 이용해 네트워크 연구를 수행할 수 있도록 지원한다. 오픈 소스 프록시 컨트롤러로서 필요에 따라 코드를 수정할 수 있으며, 사용자는 JSON 기반 설정/모니터링 인터페이스를 이용해, 개발자는 자바 프로그래밍 언어를 이용해 모든 사람이 서로 다른 서비스에 맞추어 플로우바이저를 이용할 수 있다. 또한, 여러분은 모든 기본적인 SDN 기능들을 이용해 SDN을 이용한 실험을 빠르게 수행할 수 있고, 이를 통해 네트워크 가상화에 대해 배우고 새로운 서비스를 쉽게 테스트해볼 수 있다. 다중 벤더 인프라에서 실행 가능한 공개 표준에 기반하고 있기 때문에, 플로우바이저는 다중 벤더(예, NEC, HP, Pronto, OVS 등)를 지원할 뿐 아니라, 다중 게스트 네트워크 OS(즉, 오픈플로우 컨트롤러들)를 지원한다.

 플로우바이저에 대해서는 6장 네트워크 슬라이싱에서 네트워크 가상화에 대한 논의의 일부로 설명하였다. 플로우바이저에 대한 더 상세한 정보는 아래 경로에서 찾을 수 있다.
- http://onlab.us/flowvisor.html

에이비어

에이비어Avior는 플러드라이트 외부에서 개발된 애플리케이션으로 네트워크 관리자가 필요로 하는 그래픽 사용자 인터페이스를 제공한다. 에이비어는 네트워크를 모니터링하거나 제어하기 위해 파이썬 스크립트를 이용하거나 REST API를 이용하는 의존성 문제를 제거하였다. 에이비어는 컨트롤러, 스위치, 장치에 대한 개요 정보를 제공하고 플로우 관리자를 포함한다. 컨트롤러 개요 정보는 호스트명과 JVM 메모리 사용량, 컨트롤러의 JSON 데이터 정보, 현재 탑재된 모듈들에 대한 정보를 제공한다. 스위치 개요 정보는 포트와 이에 연결된 트래픽 카운터 그리고 플로우 테이블 항목을 보여준다. 동적/정적 플로우들 모두에 대해 우선순위, 플로우 일치match 정보, 액션, 패킷 카운트, 바이트 카운트, 지속시간과 타임아웃 정보를 보여준다. 장치 개요는 MAC 주소, IP 주소, 연결된 스위치 DPID, 연결된 스위치 포트, 네트워크에 마지막으로 나타난 시간 정보를 보여준다. 플로우 관리자는 각 스위치의 정적 플로우에 대한 개요와 상세 정보를 제공한다. 또한 플로우 항목을 관리할 수 있다. 요약하자면, 에이비어는 아래와 같은 다수의 유용한 기능들을 제공한다.

- 정적 플로우 항목 관리 인터페이스: 쉽게 플로우를 추가, 수정, 삭제
- 유용한 에러 점검과 플로우 검증
- 실시간으로 업데이트되는 상세한 컨트롤러, 스위치, 장치, 포트 플로우 통계
- 사용하기 쉬운 논리 패치 패널

 에이비어는 Marist 오픈플로우 연구 프로젝트(openflow.marist.edu)로 개발되었다. 에이비어에 대한 상세한 정보는 아래 경로에서 얻을 수 있다.
- http://github.com/Sovietaced/Avior

라우트플로우

라우트플로우RouteFlow는 오픈플로우 기반 하드웨어상에서 가상화된 IP 라우팅을 제공하는 오픈 소스 프로젝트이다. 이 프로젝트는 오픈플로우 컨트롤러 애플리케이션, 독립적인 서버, 그리고 물리 인프라 연결성을 재현하고, IP 라우팅 엔진을 수행하는 가상 네트워크 환경으로 구성된다. 라우팅 엔진은 설정

된 라우팅 프로토콜(예, OSPF, BGP)에 따라 리눅스 IP 테이블 안에 FIBForwarding Information Base를 생성한다. 라우트플로우는 오픈 소스 리눅스 기반 라우팅 스택 (예, Quagga, XORP)의 유연함과 오픈플로우 장치가 제공하는 라인 속도의 빠른 성능을 결합한다. 라우트플로우는 컨트롤러 중심의 하이브리드 IP 네트워킹을 통해 SDN으로의 이전migration 경로를 제공한다. 라우트플로우 솔루션의 주요 구성요소는 다음과 같다.

- 라우트플로우 클라이언트(RF-Client)
- 라우트플로우 서버
- 라우트플로우 프록시(RF-Proxy)

RF-Proxy는 기존에 RF-Controller(RF-C) 애플리케이션이라고 불렸다(다음 그림 참고). 라우트플로우의 주요 목표는 오픈플로우 API가 구현한 상용 하드웨어 상에서 가상 IP 라우팅 솔루션을 위한 오픈 소스 프레임워크를 개발하는 것이다. 라우트플로우는 상용 하드웨어의 라인 속도의 성능과 원격지의 범용 컴퓨터에서 수행되는 오픈 소스 라우팅 스택의 유연성을 결합한 상용 라우팅 구조를 지향한다.

기존 IP 구조에서 순수 SDN/오픈플로우 네트워크로의 이전 경로, 네트워크 가상화에 대한 서로 다른 요구사항(예, 논리적 라우터, 라우터 통합/멀티플렉싱)을 지원하기 위한 오픈 소스 프레임워크, 서비스로의 IP 라우팅 모델과 기존 네트워킹 장치와 상호작용 가능한 단순화된 도메인-내와 도메인-간 라우팅은 라우트플로우 라우팅 솔루션 설계의 주요 결과다.

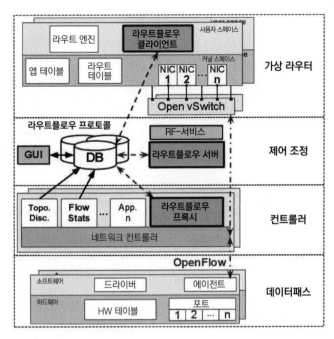

구조적 관점에서 라우트플로우의 구성 요소

 라우트플로우에 대한 상세한 정보는 아래 경로에서 얻을 수 있다.

- http://sites.google.com/site/routeflow/home

OFlops과 Cbench

OFlops는 독립형 컨트롤러로 오픈플로우 스위치의 다양한 측면을 벤치마크한다. OFlops는 스위치의 성능을 정량화하기 위한 구현에 독립적인 테스트를추가하고 실행하기 위한 모듈 기반 프레임워크를 구현한다. OFlops는 스위치와 단일 제어 채널을 구성하고 데이터 평면(오픈플로우 스위치)에서 트래픽을 생성하기 위해 여러 개의 네트워크 포트를 이용한다. 게다가, OFlops는 CPU 사용량, 패킷 카운터 등의 다양한 MIB 카운터를 읽기 위해 SNMP 프로토콜을 지원한다. OFlops는 두 개의 구성 요소를 가진다.

- 플랫폼의 핵심 기능을 구현한 실행 프로그램

- 특정 성능 평가를 위해 필요한 기능을 구현한 동적 라이브러리 집합

이 컴포넌트들은 이벤트 기반 API를 통해 서로 상호작용 한다. 각 동적 테스트는 제공되는 이벤트 핸들러의 부분집합으로 구현될 수 있고, OFlops의 동작을 조정할 수 있다. OFlops는 스위치 성능을 벤치마크하기 위해 다중 레벨의 고정확도 측정을 수행하고, 멀티스레딩 기반 병렬화를 지원한다. Cbench는 새로운 플로우에 대한 패킷-인 이벤트를 생성하여 오픈플로우 컨트롤러를 테스트하는 프로그램이다. Cbench는 다수의 스위치 동작을 모방하는데, 주어진 컨트롤러에 접속하여 패킷-인 메시지를 보내고, flow-mods가 내려올 때까지 기다린다.

 OFlops와 Cbench에 대한 상세한 정보는 아래 경로에서 얻을 수 있다.

- http://www.openflow.org/wk/index.php/Oflops

OSCARS

ESnetEnergy Services Network의 OSCARSOn-Demand Secure Circuits and Advance Reservation System는 종단 간의 네트워크 데이터 전송 성능을 보장하는 다중 도메인, 고대역폭 가상 회선을 제공한다. OSCARS 소프트웨어는 혁신적인 연구를 위한 프레임워크와 ESnet 사용자를 위한 안정적인 상용 수준 서비스의 두 가지 역할로 동작한다. ESnet이 일반 사용자에게 서비스 컴포넌트 메뉴를 제공하는 한편, 숙련된 사용자들이 고수준의 모듈화된 단위 서비스를 원하는 수준에 맞게 설정하고, 네트워크 연구자들이 실험 파라미터에 따라 최적화하는 것을 도와주는 통합 서비스 프레임워크를 제공한다.

더 많은 정보는 아래 경로에서 얻을 수 있다.

- http://www.es.net/services/virtual-circuits-oscars

트위스터

Luxoft 트위스터Twister는 셸 스크립팅 언어로 작성된 테스트 케이스를 관리하고 실행하는 테스트 자동화 프레임워크다. 트위스터는 TCP, 파이썬python, 펄perl을 지원한다. 트위스터는 설정, 제어와 원격 접근을 통한 리포팅을 위해 직관적인 웹 기반 사용자 인터페이스를 제공한다. 이를 통해 테스트 케이스를 작성하고, 실행하며 그 결과 로그를 정확히 모니터링하기 쉽다.

 아래 경로에서 더 많은 정보를 얻을 수 있다.

- http://github.com/Luxoft/Twister

FortNOX

FortNOX는 오픈 소스 NOX 오픈플로우 컨트롤러를 확장하여 개발되었다. FortNOX는 새로운 플로우 룰이 보안 정책을 위반하는지를 자동으로 체크한다. FortNOX는 동적 플로우 터널링이 존재하는 상황에서도 룰에 위반되는지를 탐지할 수 있다.

 더 많은 정보는 아래 경로에서 얻을 수 있다.

- www.openflowsec.org/OpenFlow_Security/Home.html

Nettle

Nettle은 오픈플로우 스위치의 네트워크가 고수준의 선언적인 언어를 통해 제어되도록 한다. Nettle은 오픈플로우 프로토콜을 지원하는 Haskell 라이브러리를 이용해 구현되었고, 오픈플로우 서버를 제공한다.

 더 많은 정보는 아래 경로에서 얻을 수 있다.
- haskell.cs.yale.edu/nettle

Frenetic

Frenetic은 파이썬에 내장된 오픈플로우 네트워크를 프로그래밍하는 도메인에 특화된 언어다.

 더 많은 정보는 아래 경로에서 얻을 수 있다.
- www.frenetic-lang.org

OESS

NDDI OESS는 매우 단순하고, 사용자 친화적인 사용자 인터페이스를 통해 오픈플로우 지원 스위치를 설정하고 제어하는 애플리케이션이다. OESS는 초 단위의 회선 제공과 자동 에러 복구, 인터페이스당 권한, 자동 VLAN당 통계를 제공한다.

 더 많은 정보는 아래 경로에서 얻을 수 있다.
- http://code.google.com/p/nddi/www.frenetic-lang.org

요약

SDN과 오픈플로우는 학계와 산업계에서 모두 뜨거운 주제다. 일반적으로 오픈플로우와 SDN 관련해 상용과 오픈 소스 개발물이 많이 있다. 8장에서는 SDN/오픈플로우와 관련된 주요 오픈 소스 프로젝트에 대한 내용을 소개했다. Open vSwitch, 판토우, 인디고, LINC, XORPlus와 OF13SoftSwitch는 SDN/오픈플로우 스위칭과 관련하여 현재도 진행 중인 주요 오픈 소스 프로젝트들이다. 8장에서는 추가로 SDN/오픈플로우 컨트롤러 비콘, 플러드라이트, 마에스트로, 트레마, FlowER과 류를 다뤘다. 또한, 플로우바이저, 에이비어, 라우트플로우, OFLops와 Cbench, OSCARS, 트위스터, FortNOX, Nettle, Frenetic과 OESS 같은 기타 주요 프로젝트들을 간단히 언급하였다.

찾아보기

acorn+PACKT Technical Book 시리즈

에이콘출판의 기틀을 마련하신 故 정완재 선생님 (1935-2004)

오픈플로우를 활용한 SDN 입문
네트워크 애플리케이션 개발 플랫폼 실습 가이드

인 쇄 | 2014년 9월 16일
발 행 | 2014년 9월 23일

지은이 | 시아마크 아조돌몰키
옮긴이 | 김남곤 • 이정효

펴낸이 | 권 성 준
엮은이 | 김 희 정
　　　　이 순 옥
　　　　권 보 라
표지 디자인 | 한국어판_최광숙
본문 디자인 | 이 순 옥

인 쇄 | 한일미디어
용 지 | 다올페이퍼

에이콘출판주식회사
경기도 의왕시 계원대학로 38 (내손동 757-3) (437-836)
전화 02-2653-7600, 팩스 02-2653-0433
www.acornpub.co.kr / editor@acornpub.co.kr

이 도서의 국립중앙도서관 출판시도서목록(CIP)은 서지정보유통지원시스템 홈페이지(http://seoji.nl.go.kr)와
국가자료공동목록시스템(http://www.nl.go.kr/kolisnet)에서 이용하실 수 있습니다.(CIP제어번호: CIP2014026958)

책값은 뒤표지에 있습니다.